本书为河北省社会科学基金项目——
“河北省沿海城市港产城融合发展评价及提升对策研究”（HB21GL051）的研究成果。

# 产业城市融合发展研究



张向东◎著

文化发展出版社
Cultural Development Press
·北京·

## 图书在版编目（CIP）数据

产业城市融合发展研究 / 张向东著 . — 北京 ：文化发展出版社，2024.3

ISBN 978-7-5142-4299-7

Ⅰ . ①产… Ⅱ . ①张… Ⅲ . ①产业发展－研究 Ⅳ . ① F260

中国国家版本馆 CIP 数据核字 (2024) 第 006952 号


# 产业城市融合发展研究

张向东　著


出 版 人：宋　娜

责任编辑：袁兆英　　　　责任校对：岳智勇

责任印制：邓辉明　　　　封面设计：守正文化

出版发行：文化发展出版社（北京市翠微路 2 号 邮编：100036）

网　　址：www.wenhuafazhan.com

经　　销：全国新华书店

印　　刷：天津和萱印刷有限公司

开　　本：710mm × 1000mm　1/16

字　　数：200 千字

印　　张：11.75

版　　次：2025 年 1 月第 1 版

印　　次：2025 年 1 月第 1 次印刷

定　　价：72.00 元

I S B N：978-7-5142-4299-7

# 前 言

人类自诞生以来，最伟大的进步就是从野蛮的原始时期发展到了文明的现代时期。随着经济全球化进程的不断推进，产业和城市之间的关系日益紧密，产业发展和城市建设之间相互影响、相互促进的特点愈加明显。然而，随之而来的挑战和机遇也同样值得人们深思。随着城镇化进程的不断加快，人们面临着传统模式下城镇化发展过程中出现的一系列问题：生态恶化、载体过剩、管理服务水平较低、人口红利减弱、实体经济发展滞后等。这些问题不仅威胁到城市的可持续发展，还对人们的生活质量和社会的经济繁荣带来影响。然而，值得注意的是，产城融合已经成为一个新的发展方向，其为解决这些问题提供了有效的途径。产城融合的核心在于将产业与城市深度融合，通过协同发展和互补实现产业空间和城市空间的有机结合。

从党的十七届五中全会的“三化”（工业化、城镇化、现代化）同步发展到《国家新型城镇化规划（2014—2020年）》的出台，以及党的十九大报告提出“推动新型工业化、信息化、城镇化、农业现代化同步发展”理念，再到党的二十大提出“深入实施区域协调发展战略、区域重大战略、主体功能区战略、新型城镇化战略，优化重大生产力布局，构建优势互补、高质量发展的区域经济布局和国土空间体系”，产城融合的概念也不断得到深化和发展。同时，为了推进产城融合发展和培育经济新增长极，国家发展和改革委员会在全国范围内选择约60个条件成熟的地区开展产城融合示范区建设，目前这批示范区已经成为稳增长、调结构的重要引擎。产城融合模式在发展过程中不断得以完善。

产城融合是在我国经济社会转型升级的背景下相对于产城分离提出的一种发展思路。要完善城镇化健康发展的体制机制，就要推动大中小城市和小城镇协调发展、产业和城镇融合发展，促进城镇化和新农村建设协调推进。由此看来，“产城融合发展”的顶层设计为新型城镇化和区域经济划清了未来发展路径。当前，我国正处于工业化、城镇化加速发展的历史性阶段，及早认识和把握“产城融合发展”的演变发展规律，对部署当前和今后新型工业化、新型城镇化和城乡一体化建设工作，具有重要的理论指导意义和实践操作意义。

本书第一章主要讲述产城融合发展，从四个方面进行了概述，分别是产城融合发展的历史前提、产城融合发展的概念及科学内涵、产城融合发展的阶段及主要特征、产城融合发展的现实背景；第二章主要讲述产城融合发展的机制及关键问题，从五个方面进行叙述，分别是产城融合发展的理论基础、产城融合发展的内在机理、产城融合发展的作用机制、产城融合发展的动力机制以及产城融合发展的关键问题；第三章主要讲述产城融合发展的模式，从七个方面展开叙述，分别是产城融合发展的“点－轴”模式、同城模式、双核模式、新区模式、新城模式——产业新城、龙头模式以及港产城模式；第四章主要讲述产城融合发展的空间规划与统筹，从三个方面进行叙述，分别是产城融合视角下产业园区空间规划布局、产城融合视角下产业新城空间规划布局、产城融合视角下城市空间发展；第五章主要讲述国内外产城融合发展的实践及经验启示，从七个方面进行叙述，分别是国际产城融合发展的概况及特点、国际产城融合发展的前沿动态、国际产城融合发展的案例与经验、国际产城融合发展的启示、我国产城融合发展的概况及典型区域实践案例、我国产城融合发展的经验、我国产城融合发展的问题及策略；第六章主要讲述省域产城融合发展的路径选择与对策建议，从六个方面展开叙述，分别是辽宁省产城融合发展的路径选择及对策建议、河北省产城融合发展的路径选择及对策建议、山东省产城融合发展的路径选择及对策建议、江苏省产城融合发展的路径选择及对策建议、福建省产城融合发展的路径选择及对策建议、广西壮族自治区产城融合发展的路径选择及对策建议。

在撰写本书的过程中，作者参考了大量的学术文献，得到了许多专家学者的帮助，在此表示真诚感谢。本书由张向东总体策划、主笔和统稿，团队成员张娟、刘海滨、李丽杰、沈杰、柴朝华协助查阅了国内外文献，参与了项目的调研和资料数据的收集、整理与分析工作。本书是河北省社会科学基金项目“河北省沿海城市港产城融合发展评价及提升对策研究”（HB21GL051）的研究成果。本书由河北科技师范学院学术著作出版基金资助。本书内容系统全面，论述条理清晰、深入浅出，为读者了解产业与城市融合发展的相关问题提供了参考，有利于加深其对产业与城市融合发展的认知，但由于作者水平有限，书中难免有疏漏之处，希望广大读者及时指正。

张向东

2023 年 8 月

# 目　录

# 第一章 产城融合发展概述

本章从四个方面简要叙述了产城融合发展，分别是产城融合发展的历史前提、产城融合发展的概念及科学内涵、产城融合发展的阶段及主要特征、产城融合发展的现实背景。

## 第一节 产城融合发展的历史前提

在讨论中国的城镇化时，人们无疑会被这一规模空前、速度惊人的现象吸引。作为拥有14亿多人口的大国，中国的城镇化进程不仅对其自身的经济发展具有至关重要的影响，而且必将对全球经济产生广泛而深远的影响。中国城镇化将成为区域经济的主要引擎，带动相关产业的迅猛发展。这种巨大人口规模和高速城镇化进程的结合将在全球范围内塑造新的经济地理格局，不容忽视。

城镇化是一个跨越性的社会进程，它不仅体现了经济发展的成就，还是国家走向现代化和富强的重要标志。早在新民主主义革命即将胜利之时，中央就面临着管理城市的重任。1949年3月，在西柏坡举行的中国共产党第七届中央委员会第二次全体会议指出，党的工作重心由农村转移到城市，必须用极大的努力学会管理城市和建设城市。中华人民共和国成立以来，我国的城镇化经过了两个大的发展阶段，取得了令世界瞩目的成绩。

### 一、中华人民共和国成立后的缓慢发展

中华人民共和国在成立初期面临着严峻的外部环境，为了保障国防安全，我国采取了优先发展重工业的战略。在工业化时代，城市主要是生产中心，而不是消费中心，这就导致了城市的市场功能和服务功能逐步减弱。从20世纪50年代开始，考虑到减轻城市就业压力和维护社会稳定的需要，我国制定了一系列政策和法规，其中以户籍制度为主要代表，这项制度将城市居民和农村居民进行了区分，限制了城市与乡村之间生产要素的自由流动，城乡二元结构得

以形成，这也阻碍了我国城镇化进程。

## 二、改革开放以来的推进式快速发展

改革开放以来，我国城镇化进程可划分为四个阶段：快速发展阶段、稳步发展阶段、高速发展阶段和较快发展阶段。

### （一）快速发展阶段（1978—1987年）

党的十一届三中全会拉开了我国改革开放的序幕，全党全国的工作重点开始转移到社会主义现代化建设方面，农村和城镇的发展开始得到更多的关注。1978年之后，我国开始实施许多新的城镇化政策，如“准许知青回城”等，这使得城镇的人口特别是大城市人口增长加快。基于农村率先改革的实践以及大城市基础设施薄弱和承载能力有限的现实，我国改革开放后的城镇化以发展小城镇为开端。1978年召开的第三次全国城市工作会议提出了“控制大城市规模，多搞小城镇”的发展方针，1980年中华人民共和国国务院进一步提出“控制大城市规模，合理发展中等城市，积极发展小城市”的城镇化发展方向。① 随着农村经济体制改革的不断推进，农业生产水平不断提高，非农产业迅速发展，农村剩余劳动力的转移意愿不断增强，城乡二元户籍制度的藩篱开始动摇。1984年国务院发布《关于农民进入集镇落户问题的通知》，明确提出凡是在集镇有固定住所、有经营能力或在乡镇企业长期务工的农民及其家属，可按规定统计为非农业户口。同年，国家试行新的市镇建制标准，规定县级地方政府所在地以及乡政府驻地非农业人口超过两千人，或全乡总人口超过两万人、乡政府驻地非农业人口占比超过10%的都可进行撤乡建镇，实行镇管村的体制②，有力地促进了我国小城镇的发展。

### （二）稳步发展阶段（1988—1995年）

这一时期，城镇化稳定发展的动力主要来自市场经济体制改革。1986—1995年是我国实行第七个五年计划（“七五”计划）和第八个五年计划（“八五”计划）的时期，“七五”计划提出“严格控制大城市规模，合理发展中等城市和小城市”

① 李秉仁．我国城市发展方针政策对城市化的影响和作用[J]．城市发展研究，2008（2）：26—32．

② 方创琳．改革开放30年来中国的城市化与城镇发展[J]．经济地理，2009，29（1）：19—25．

的发展战略方针；[①]“八五”计划中首次出现了“城市化”概念，提出有计划地推进城市化进程。国务院于1992年再次修订了小城镇建制标准，促进了小城镇的进一步发展。1993年，中华人民共和国住房和城乡建设部召开的全国村镇建设工作会议确定了以小城镇建设为重点的村镇建设方针与目标，并于次年颁发了《关于加强小城镇建设的若干意见》。1995年，国家根据《小城镇综合改革试点指导意见》，在全国选取了57个镇作为综合改革试点。这一阶段城镇化率提高速度相比1978—1987年有所放缓。

**（三）高速发展阶段（1996—2006年）**

这一阶段的城镇化发展与我国整体经济实力迅速提升密切相关。1994年推行的分税制改革，塑造了中央政府与地方政府的独特关系，导致了城市之间的竞争性发展，成为中国城镇化独特的动力源泉。同年出台了《汽车工业产业政策》，国家鼓励个人购买汽车，带来了机动化的逐步发展，推动了城市空间扩张的加速。1997年，国务院进一步强调应适时改革户籍管理制度，允许为在小城镇居住和就业并符合一定条件的农村人口办理城镇常住户口，促进农村剩余劳动力就近有序地转移。之后，许多小城市的户籍限制也逐步放松。1998年，国家将发展小城镇作为驱动农村和社会发展的一个大战略来抓，进一步提升了发展小城镇的重要地位；同年国家推行住房分配货币化，房地产业异军突起。2000年，中共中央、国务院颁发了《关于促进小城镇健康发展的若干意见》，指出我国已经具备了加快城镇化发展的条件，应紧抓机遇，引导小城镇健康持续发展[②]。此外，2001年我国加入世界贸易组织，快速融入经济全球化的市场体系，经济全球化红利为我国城市发展提供了资本与技术等关键要素支撑。进入经济全球化时代以来，中国城镇化的发展具有三个特征。一是工业化、城镇化与社会经济发展基本协调。2006年之前，中国国民经济发展处于高速发展时期，年均经济增长率超过10%，而城镇化发展速度增长率平均每年为1.2%～1.4%。沿海地区增长较快，虽有速度过快、质量偏低的问题，出现了“城镇化冒进”的现象[③]，但大部分地区近几年来发展还是比较协调的。二是城镇化快速发展的主要动力仍是工业化、产业集聚以及资源

① 丁守海．论中国特色的城市化模式[J]. 政治经济学评论，2008（2）：126-145.

② 方创琳．中国城市发展方针的演变调整与城市规模新格局[J]. 地理研究，2014，33（4）：674-686.

③ 陆大道，姚士谋，刘慧，等.2006中国区域发展报告：城镇化进程及空间扩张[M]. 北京：商务印书馆，2007.

要素集中。这一时期第三产业得到了快速发展，特别是现代服务业，对城镇化水平的提升起到了重要作用。三是城镇化道路体现了中国国情的基本特征。中国国土辽阔广大，但水土资源有限以及生态环境脆弱的本质特征较为明显。因此，各地区城镇化道路基本上体现了集约发展、因地制宜的重要内容。第十个五年计划（“十五”计划）提出要“不失时机地实施城镇化战略”，中国共产党第十六次全国代表大会首次提出了中国特色城镇化道路，标志着中国城镇化发展进入一个新的阶段。

### （四）较快发展阶段（2007 年至今）

我国经济和社会在当前阶段有机地融合发展，这促进了城镇化的快速提升。中华人民共和国国民经济和社会发展第十一个五年规划纲要（“十一五”规划）强调了城镇发展的协调性，提倡发展大、中、小城市，并提高城镇的综合承载能力。除此之外，该规划提倡在土地利用方面采取合理的措施，推动城市集约式发展和科学规划布局，并逐步推进城镇化，以缩小城乡差距。在推进实施城镇化进程中，我们也要处理好资源、环境和社会发展等相关问题。过去我们只关注城市的数量和规模，而现在我们将重点放在城市的发展质量和效益上。同时，我们也从过去依赖资源和排放污染的城市发展模式，转变为节约资源和保护环境的城市发展模式。此外，现今城镇化的进步已经超越了对城市自身的关注，其需要在实现城乡协调统筹的基础上实现发展。2007 年，党的十七大发布了具有重大意义的战略方针，即走中国特色城镇道路。我国城市人口已经历史性地超过了农村人口，这表明我们已经成功地完成了从农村社会向城市社会的重要转变。这不仅是我国城镇化发展的重要里程碑，还意味着产业与城市之间的联系进一步加强。这与产城融合综合改革试点提出的历史方向是相符的。

2017 年，党的十九大报告提出“推动新型工业化、信息化、城镇化、农业现代化同步发展”。到 2022 年，党的二十大提出“深入实施区域协调发展战略、区域重大战略、主体功能区战略、新型城镇化战略，优化重大生产力布局，构建优势互补、高质量发展的区域经济布局和国土空间体系”，产城融合发展经历了数年的发展历程，到如今已经越来越能够与我国的实践情况相结合，发挥出越来越大的力量。

## 第二节　产城融合发展的概念及科学内涵

### 一、产城融合的概念

从广义的层面上来看，产城融合指的是将产业和城镇（城市）有机地结合在一起。从狭义层面上来讲，产城融合指的是将工业园区和城市区域相融合的一种方式。产城融合是一个综合性的科学进程，它综合了城市承载能力、产业空间结构和长期发展的可行性等多方面因素。通过实现城市和产业的有序发展，促进城市更新和改善城市服务水平。产城融合发展将城市发展和产业发展紧密结合在一起，使两者相互促进和支持，为产业发展提供必要的基础条件。城市的发展离不开产业，城市是产业发展的依托，产业是城市发展的保障。

产城融合可以推动城镇化进程和完善服务配套，让产业更加依附于城市，让城市功能更好地服务于产业发展，以产兴城、以城促产，实现产业和城市协调发展、相互促进、良性互动，从而实现产业、城市、人之间有活力、动态的相辅相成之发展。产城融合是指产业与城市在功能、空间、结构、组织和政策等方面相互匹配、有机互动、共同演进、螺旋上升的状态和过程，其目的是实现城乡资源要素的有效配置、城市空间载体的动态优化、城市产业结构的不断升级、城市服务功能的配套完善、城市生态环境的持续改善、城市组织结构的完整高效、城市政策体系的整合统一、城市历史文脉的传承延续、城市人口素质的持续提升，其本质是提升城市居民的幸福感和城市的可持续发展能力。①

### 二、产城融合发展的科学内涵

产城融合发展通常可分为三个阶段。第一个阶段是“产城一体”的阶段，在这一阶段，城市提供了必要的基础设施和条件来促进产业发展，相应地，产业也开始为城市的基础运转作出贡献。第二个阶段是“产城互促”的阶段。随着城市的迅速发展，产业在不断升级和转型，而产业的聚集也促进了城市功能的提高。第三个阶段是“城市与产业融合”的阶段，这是城镇化发展较为先进的阶段。在此阶段，产业区与居住区的分隔线趋于模糊，城市与产业彼此交织、融为一体。

① 楚天骄．新常态下产城融合的总体思路与实现路径研究[J]．中国浦东干部学院学报，2015，9（5）：81–87．

科学规划城市和产业的发展是实现产城融合发展的核心要素，在这个过程中必须避免短视性与盲目性的决策，确保产业和城市的相互协调、相互促进。这需要落实科学的城市规划和产业定位，以实现产业和城市之间的良性互动。

产城融合发展的过程注重人文因素，旨在通过合理的方式平衡人、环境和社会之间的关系，从而促进产业、城市和人口之间的良性互动和可持续发展。这种新模式有效地将协调理念和可持续发展理念融入城镇化进程的实际操作中，强化了城市和产业之间的相互作用，推动两者的共同发展。新时期的城市和产业发展需要实现产城融合，这已经成为一个战略性要求和趋势。经济发展需要产业作为支柱和动力，而城市的不断完善和进步为产业提供了必要的基础设施和服务设施。在这个过程中，人作为城市的组成部分，也扮演着重要角色，城市的发展和产业的繁荣需要人才的支持。人是衔接产业与城市的重要纽带。产业的持续发展创造了大量就业机会，同时，城市也为人提供了不可或缺的基础设施和活动条件，使人类生活和活动变得更加便捷，又因为人在城市中不断开展活动，所以促进了城市功能的进一步增强。以下是产城融合发展的三个主要特点。

①产业和城镇两者相辅相成，相互促进。在实现现代化的过程中，国家采取了重要举措来促进产业升级和城镇化发展。尽管我国经历了城镇化和工业化的进程，但由于产城分离的发展趋势，两者的关系并不够紧密。产城融合发展模式的核心特征是产业和城镇相互协调发展、实现两者之间的相辅相成。积极发展产业可以加快城镇化进程，城镇化的推进则有助于升级产业结构，两者相互作用，共同推动经济的发展。

②人的能动性得以全面发展。在过去的城镇化发展中，通常会过分强调经济数字的增长，而忽视对人的关注。这导致城镇化的根本目标发生了偏离。产城融合的本质是要将产业、城市和人的发展紧密结合起来，实现三者互相促进、协调发展。与传统的城镇化模式相比，产城融合发展的过程更注重培养个人的自主能力和实现个人的全面发展，同时致力于使创新成为促进经济发展的核心推动力。

③人与生态环境实现和谐相处。过去我们以常规方式推进城镇化和工业化，对人类生存所需的生态环境造成严重的损害。尽管经济和城市不断繁荣发展，但环境在逐步恶化。空气质量的恶化已经到了十分严重的地步，这给我们的日常生活带来了很大的影响，尤其是雾霾现象越来越频繁，已经严重干扰了我们的生活。在产城融合发展的模式下，人们更加强调城市和环境之间的协调发展，因此城市规划更加注重科学性和合理性，并致力于保护环境和促进绿色发展。在产业方面，通过淘汰并关闭高污染、高能耗企业，我们实现了单位国内生产总值（GDP）能

耗的大幅度降低，使环境污染问题得到了显著改善。在产城融合的发展模式下，我们可以有效地保护生态环境，使人与自然能够和谐共存。

可见，产城融合发展主要体现在布局和功能的统一、城市和产业的共生、居住和就业的融合、生产和服务的互动、经济和环境的协调等方面，至少应包括以下六个方面的内容。

一是功能融合。产城融合发展要保证城市产业和发展战略相契合，确保各区域的规划符合城市发展战略，并且各区域的功能能够实现协调配合。城市的价值不仅在于推动产业的繁荣，还需满足人们对文化、居住、服务和信息交流等多方面的需求。强调产业功能的整体协调，我们要在城市其他功能（如住宅、商业、交通和公共服务等）之间建立良好的关系，发展适合城市的产业体系，通过产业的发展来推动城市的发展。

二是空间融合。城市的各项职能需要在空间上得到协调，即要实现包括就业、居住、设施和公共服务在内的空间布局的合理化，同时也需要考虑城市建筑空间和生态环境空间之间的协调关系。城市的发展离不开各种不同功能的区域，它们构成了城市空间网络的基本单元。因为不同的产业有不同的空间需求和地理上的限制，并且在与居住和服务等领域的融合方式上也有不同，所以我们需要从整个城市的角度出发，进行合理规划。我们要根据各个领域不同的主导功能，采用不同的方式来组织产业、生活、服务和生态等领域的空间。只有确保产业空间和城市总体规划之间的有效衔接，才能创建空间组织方式。这种方式能够容纳丰富多彩、规模适当的产业，同时也能够实现居所和工作场所之间的平衡，并提供高品质的服务设施。这样，才能够实现城市之间的良性互动。

三是结构融合。结构融合需要让城市发展战略与不同区域的功能结构相适应，让城市的产业结构与人口结构相匹配，还需要让城市内不同的要素结构相互匹配。城市的发展取决于多个因素，其中人口结构也是一个重要因素。人口结构的不同会直接影响到城市所提供的公共服务设施的配备，从而对城市的发展产生影响。居民的薪资收入水平是由人口从业情况所决定的，同时这种差别也导致了消费结构呈现出不同的层次。这表明，要实现产城融合发展，必须确保就业结构和人口结构相互适应。

四是身份融合。产城融合实质上指的是将城市产业和居住区融合在一起，从而提高居民的生活质量和增加就业机会。其核心在于将生活与工作结合起来，让城市居民兼顾居住和就业的需求，实现两者的良性互动。具体而言就是让不同居民身份和就业类型相互匹配，取得最佳的城市发展效果。城市的就业结构和人口构成与其产业结构息息相关，它们共同决定了城市的规模、功能、空间结构、居住模式以及生活配套设施的供给。

五是组织融合。组织融合是指不同功能区与其所在行政区域组织机构之间的协调与融合。

六是政策融合。政策融合是指不同功能区与其所在行政区域政策标准之间的协调一致。

需要强调的是，产业发展和城市发展在时间维度上存在动态协调性，即产业发展和城市发展在不同发展阶段各有侧重点，并不是完全同步发展的，但整体应做到协调发展。

### （一）理解产城融合发展科学内涵的维度

产城融合发展在以人为本的价值导向下，以模式创新为战略驱动，通过合理的空间统筹和规划，推动产业和城镇的均衡发展，进而达成产业和城镇融合发展的现实目标。[①]具体来看，其科学内涵主要体现在以下四大维度。

1. 人本维度

孙红军等学者认为，产城融合的基本动力有两个：第一，产城融合是在市场导向下寻求资源要素最优配置，以实现经济效益最大化地驱动；第二，产城融合是在人本主义导向下对人、环境和社会关系的重新认识与合理组合，以实现社会效益最大化地驱动。进一步讲，产城融合是社会经济发展到一定阶段，反映到空间上的一种表征，是资本积累到一定阶段寻求新的空间生产的必然产物，也是资本进入第三重循环提升创新能力、提高人的素质的必然要求[②]。因此，当谈到城市规划理念时，产城融合所代表的新思路标志着城市规划理念由以往的“功能主义”转向了“人本主义”，实现了一次重大的转型。人本主义价值导向在产城融合发展中具有重要指导作用，其具体体现如下：为防止出现形式主义，制度设计和功能规划以真实的人民需求为基础；明确产城融合发展中的主体归属，即主体是人还是物质；为了推动城镇功能和居民生活质量的持续提升，确保供大于求的准公共产品或纯公共产品能够满足人们对公共服务的基本需求，要加大投入力度，并建立真正有效的服务关联体系。

① 何立春．产城融合发展的战略框架及优化路径选择[J]．社会科学辑刊，2015（6）：123-127．

② 孙红军，李红，马云鹏．系统论视角下的“产城融合”理论拓展[J]．绿色科技，2014（2）：249-251．

2．系统维度

产城融合系统是由要素子系统、融合子系统和功能效应子系统三个方面组成的。在产城融合系统中，实体要素和非实体要素相互交织、相互关联，形成了一个关系紧密的子系统。整个融合系统的效益直接取决于该子系统的运转效率。融合子系统内的不同要素相互关联与系统本身以及周围环境进行互动，共同促进了城镇化、工业化和城乡融合的进程。产城融合是由融合子系统的运作带来的，它表现为人口、制度、空间、产业和思想融为一体的功能效用子系统。

在系统层面上，要实现产城融合发展，就需要通过创新模式来推动。这要求从政府主导的外部引导型模式向市场主导的内部自我驱动型模式转变。简单来说，就是政府需要转变角色，让市场主导发展。为了推进经济发展，我们需要建立智能产业园区，以促进支柱产业的升级和高端化、战略性新兴产业的规模扩大以及传统产业的技术升级；要创建智能化的产业生态系统，利用信息技术促进城市之间的产业联系和合作，同时逐步优化产业布局；要探索建立智慧城市和共享创新中心，以创造最佳的创新环境，促进智慧城市和智能产业的发展，营造良好的市场氛围，以促进产业的进一步发展。

3．时间维度

从时间的维度上来看，在考虑产城融合发展时，我们需要注重产城均衡发展的目标，并对产城关系的演变规律进行深入探讨。首先，要实现产业高效发展，需要实现产业内部空间布局和功能设计的平衡。其次，城市发展需要实现公共产品的供需平衡，如城市交通、土地规划等方面。最后，要将单一功能的工业区转型为多元支持的城镇型经济，以实现产业、居住和基本公共服务的平衡发展。

4．空间维度

由于不同行业对土地面积和空间位置的要求不同，因此它们与住宅和服务业等区域的结合方式存在差异。在城市规划方面，产城融合发展要把住宅、服务设施、产业和绿地有机结合起来，不再采用单一功能区划的方式，要创造一个宜居、便利、舒适和可持续发展的城市环境。因此，在推进产城融合发展的过程中，必须全面考虑空间统筹的结构，这主要包括以下几个方面，第一，对产业区和职工居住区进行合理有序的布局，避免出现混乱不清的现象。第二，为了实现产业和城镇的共同发展，应当完善产业区的配套公共服务，并根据该区的建设需求规划新城镇区。第三，考虑采用立体开发的方式来建设产业区，而不是仅仅进行水平开发。为了达成这一目标，可以推广紧凑型城市规划。从空间维度上看，产城融合发展可以优化土地利用、提高单位土地产出率和容积率，同时协调城市与城镇的功能，实现高效城镇化。

### （二）理解产城融合发展科学内涵的层次

产城融合发展的核心是将产业和城市结合在一起，推进它们相互融合、协调发展。产城融合问题可以依据城市概念的伸缩性，在不同层次上进行观察和理解，包括全国层面、城市圈或者城市体系层面以及单个城市层面。

1. 全国层面

在制定中长期规划时，我们需要考虑全国各产业的布局以及城市规划，也应该考虑未来的发展趋势。对于人口问题应该考虑到其就业需求，并以此为重要依据进行城市规划。如果没有全国统一的城市规划指导，那么产业、人口和空间很可能会缺乏协调，从而出现逻辑不合理甚至混乱的情况。

2. 城市圈或者城市体系层面

我们需要根据城市体系或城市圈中心城市、成员城市及其功能定位，并且结合不断变化的产业分工趋势，合理划分制造业和服务业的职能，建立中心城市、亚中心城市和一般城市之间的地区产业模式。基于内在需求的视角，观察当前城市圈的发展状况，我们发现大、中、小城市普遍呈现全面扩张、产业功能混乱的状况，形势十分严峻。

3. 单个城市层面

在超大城市中，产业和城市相互依存、相互作用的实践，可以通过划分城市功能区、建设卫星城或新城来体现。这种良性互动的关系有助于促进城市与产业的蓬勃发展。实现产城融合有助于缓解交通拥堵，并创造一个良好的就业空间，以满足人口的需求。在规划大型新城或新区时，必须综合考虑城市的发展方向和产业转型，以确保能够支撑足够的人口就业，同时促进整个城市的产业生态完善和规模扩大。针对单个城市的发展，产业和城市的融合在不同阶段会面临的挑战也呈现出差异化的特点。

目前我国最明显的问题是在大量的新城区建设中所面临的问题。在房地产市场，以及农村集体土地向城镇建设用地转变所带来的巨大利益的推动下，许多新城区如雨后春笋般涌现。然而，这些新城区主要是由住房所组成的，并且由于缺乏良好的城市功能规划，这些新城区可能长期甚至永久地沦为一座座“空城”或“鬼城”。

## 第三节　产城融合发展的阶段及主要特征

为了解决城镇化过程中产生的产业和城市分离的问题，我们提出了产城融合的区域发展理念。根据产业内容、城市形态和房地产市场三个方面可以把产城融合发展分为以下四个阶段。

### 一、"产城"分离阶段

产业布局规划只注重组织城市空间资源以满足产业的需求，却忽略了产业发展和城市功能之间的相互关系。这引发了诸多问题，如过度关注产业发展而忽略城市建设，导致了产业规划与城市发展需求不协调，以及产业和城市空间的分离、分散，甚至造成两者相互冲突的状况。工业区和城区两者之间相互分离、独立发展。工业区与生活区之间相距较远，工人通勤时间较长，使得他们上下班存在一定程度的不便。将工业区和城区分开发展，有可能造成基础设施建设的重复，浪费资源，也可能导致城镇化发展水平落后于工业化发展水平。

### 二、"产城"互促阶段

尽管主城区和工业园仍未完全融合在一起，但它们的关系已从以前的分离、竞争关系转变为共同发展与相互竞争并存的关系。在此阶段，城镇化和工业化之间的鸿沟逐渐缩小。尽管其他领域也取得一定的发展，但制造业在这个时期仍处于主导地位。

### 三、"产城"融合阶段

到了这一时期，城镇化和工业化发展水平相当，二者之间呈现出相互促进、协调发展的状态。产业结构呈现出更为优良的状况，第三产业的规模和影响力逐渐扩大，与此同时，制造业和服务业也逐渐成为主导性产业。城市的各项功能不断得到优化与改善，城市布局的规划水平也有了明显提高。

### 四、"产城人"融合阶段

在这一时期，工业化和城镇化更深入地结合在一起，工业区、居住区和城市中心区互相融合，在区域布局方面形成了一种的"综合发展"的状态。在产城融合的新阶段中，不再以功能为导向，而是注重以人为中心。这意味着人们认识到人是促进产城有效互动和融合的关键因素。在这一时期，产业、城市、人口能够共同发展、共同繁荣。

## 第四节　产城融合发展的现实背景

产城融合的出现与中国城镇化的快速推进、开发区的兴建以及住房制度改革密切相关。快速推进城镇化的常见方式是扩大城市实体的地理范围，这种扩张会导致城市生产空间和城市生活空间的重新安排，各种空间形态如新区、新城、工业园和大学城等会不断出现在城市的边缘地带。扩张所带来的结果常常是产业和城市之间的分离。

随着改革开放后国外资本的涌入，我国的工业在经济发展中扮演了关键角色。为了吸引外资，开发区和产业园区成了重要的投资环境。随着开发区规模的扩大，其内部存在的问题也逐渐暴露，如功能和产业结构单一、与区域经济联系不紧密、未能充分吸纳就业和消费需求、企业根植性不足等。虽然开发区对经济发展作出了很大贡献，但是如果过于强调经济发展，就会导致形成“孤岛经济”，进而促成产城分离现象的出现。随着我国土地供给制度的改变和商品房制度的推行，城市空间扩张的重要驱动力已经从城市中心向居住区的郊区转移。因为相较于工业用地，房地产土地开发的承租能力较大，所以在地理位置和空间拓展方向上，房地产与工业区和工业园存在明显的不同。

### 一、“有产业无城镇”

“有产业无城镇”是产城分离的主要表现，这种发展状态出现在某些地区，极大地阻碍了产城融合的发展。即使是高端产业，如果没有城镇作为支撑，也无法正常发展。20 世纪 80 年代，美国首先开创了高新区和产业区的经营模式，这种模式为经济发展注入了巨大活力，随后其他国家纷纷效仿。随着改革开放的深入，20 世纪 90 年代初我国开始兴建众多高科技开发区和产业园区。我国的开发区经历了四个主要发展阶段。其中，早期发展阶段是 1984 年到 1990 年；1990 到 2000 年期间，进入了全面开发阶段；2000 年至 2005 年是调整和反思阶段；在 2005 年之后进入成熟阶段。与此同时，开发区与城市之间的互动分为五个阶段：①城市和开发区逐渐建立起联系，并形成聚集的城区产业空间；②城市的郊区产业空间逐渐产生并发展；③城区产业空间实现更新与迁移；④郊区的产业空间不断发展壮大；⑤城区空间与郊区空间不断进行互动融合，实现共同发展。此外，近年来出现了一些新型城市空间，如大学城、行政中心和城郊居住区等，它们承担着促进城市和区域发展的重要责任。

随着我国经济总量扩大以及全球产业格局调整的深入进行，单一功能集中于城市外围的新区建设模式也逐渐暴露出诸多问题。一方面，开发区、高新区、产业区等城市新区功能的进一步提升与发展受到限制，如产城分离造成的职住不平衡、生产服务与生活服务设施缺乏、“空城”与“睡城”，以及城市交通拥堵等问题；另一方面，越来越多的开发区、高新区、产业区开始通过发展高附加值的高端制造业、现代服务业实现产业转型、结构优化，抢占新一轮经济高地，这些位于产业链高端的产业门类对区内的综合服务功能也提出了更高的期望。在此过程中，由于城乡二元户籍制度的制约，由中西部流向沿海地区的大量劳动力资源并没有在城镇落户，而是直接居住在生产区，导致生活区域和生产区域叠加，流入劳动人口也没有成为真正的市民以实现身份的转化，形成“有产业无城镇”的局面。在这种发展状态下，由于缺乏空间支撑载体，外加社会稳定性的影响，产业升级的内在动力就相对薄弱，产城融合发展也就更加困难。

## 二、“有城镇无产业”

产城分离的体现之一是在某些区域出现了“有城镇无产业”的不良发展趋势，这种趋势在一定程度上成为产城融合发展的“倒逼机制”。即使一个城镇十分美丽，若缺乏实质性的产业支撑，其生活氛围也难以变得充实。我国城镇化在不断推进的过程中取得了令人瞩目的成绩，但部分区域由于对城镇化概念的误解，以及在城镇化发展过程中过度注重政绩与GDP，导致过于强调房地产开发、新城建设和虚华的政绩项目。尽管从表面上看起来这些城镇已经完成了城镇化，但实际上由于缺少产业支持和合理的配套设施，一些城镇呈现出“空城”“鬼城”“睡城”等被动城镇化现象。在学术界，一般会使用建成区面积与城市居民数量的比例为标准来评估一个城市成为“鬼城”或“空城”的可能性。例如，假设一个城市的总建设面积为100平方千米，按预设的占地率计算，该城市的居民数量应该为100万人；若该城区人口不足50万，则可能会被称为“空城”“鬼城”。学者将“鬼城”分为多种类型，如衰落型“鬼城”、规划型“鬼城”等。规划型“鬼城”则被进一步细分为规划超前型、规划滞后型和房地产型。随着时间的推移，一些城市不得不面对被动城镇化的局面，这种趋势也使得这些城市的债务和金融风险不断增加，为城镇发展带来不利影响。

## 三、城镇化发展高速低质

自改革开放以来，我国在城镇化方面取得了显著进展，成为全球城镇化率增速最快的国家之一。需要明确的是，目前的城镇化率是以常住人口作为统计指标的，这只反映了城镇化的规模和速度等数量方面的内容。在某种程度上，这种统计方法的统计意义要高于它的实际意义。因此，对城镇化的质量和内涵的研究还需要进一步加强。

在某种程度上，我国的城镇化率属于“名义上的城镇化率”，城镇化的发展速度也被称作“名义速度”。目前，我国的城镇化一直处于发展速度快但质量低的状态，呈现出“半城镇化”的趋势。外来务工人员，尤其是农民工，在城镇居住超过六个月后，也会被纳入我国城镇人口的统计范畴中。受现有的户籍制度和相关规定的限制，农民工无法享受与户籍挂钩的医疗保健、子女教育和社会保障等福利待遇。就算他们在城市工作，也无法从长期依赖土地的状态中脱离，因为土地对农民工来说仍是最后一道保障。农民工在城市中缺乏身份认同感，没有真正转变为城市居民的身份，这为经济社会的和谐稳定和健康发展带来了一定隐患。

我国的城乡二元结构依然存在，随着大量农民工进入城市，又引发了“新二元结构”问题。在当前速度快但是质量不高的城镇化过程中，农民工是一个庞大的特殊群体。尽管他们居住在城市，但由于缺乏必要的生活保障，很多农民工一直处于无法进行消费或者不敢进行消费的尴尬境地。他们虽然居住在城市，但户口却注册在农村。虽然他们在城市挣钱，但他们的财富却集中在农村，这导致他们很难融入城市社会，不能享受城市的消费，与城市社会的接轨程度不足。实际上，他们仅仅完成了从农村到城市的地理搬迁，而无法实现从农村到城市的真正融入。大量农民工像候鸟一样迁徙于城乡之间，他们处在城乡的交汇处、产业的外围地带和体制的边缘地带，使得农村空心化现象日渐加剧。很明显，数以亿计的农民工还未充分发挥他们的消费能力，还未获得社会公共服务，也没有完全满足其住房需求。

如今，我国城镇化的主要挑战之一是推进城镇化转型升级，提高城镇化发展的质量。这不仅是为了应对我国城镇化问题而作出的选择，还符合城镇化自然发展的趋势。研究表明，在世界各国城镇化发展中，初期阶段往往以城市数量和规模的不断扩大为主要特征，这种发展方式被称为“外延式发展”。然而，这一阶段也会伴随着许多社会、经济、资源和环境的问题。随着城镇化进入中后期阶段，一些成功实现现代化的国家的城镇化都经历了从规模扩张向注重提高质量水平的转变。城市的进一步发展注重增强城市的各项功能，提高居民的生活品质，实现对自然生态环境的保护，推进可持续发展，实现产业升级。即使有些国家已经在城镇化方面取得了很高的成就，但由于产业转型未能如期进行，这些国家已经陷入了“中等收入陷阱”。此类现象导致社会中存在多种冲突和不协调的现象，阻碍了产业升级进程，抑制了人们的收入增长。我国的城镇化已经进入中后期阶段，因此需要加快转型，让城镇化转变为注重内在质量提升的发展模式。随着各种问题逐渐加剧，我们必须加快推动城镇化的变革进程。

在社会融合方面，城市社会中存在明显的二元对立问题，超过 2 亿的农村转移人口较难与城市社会融合。虽然我国城市没有形成广泛的、大面积的贫民窟，但全国仍有超过 1 亿人生活在简陋的棚户区。在财政金融领域，现有的城市建设融资模式过于依赖土地出让和土地抵押，这种模式也随着城镇化的发展变得不可持续。同时，一些隐含的地方债务风险已经成为我国金融体系中潜在的威胁。随着城镇化向中后期发展，曾经积累的问题和矛盾正逐渐突显。如今，我国城镇化面临的最大挑战在于实现转型发展。对城镇化发展质量的提升必须放在首要位置，以确保城镇化的健康推进。

## 四、人口城镇化滞后于土地城镇化

在城镇化建设的过程中，我国长期重视扩大规模，注重建设范围的扩张，导致我们采取了低密度的建设和开发方式。这使得城市被开发的面积和土地使用量剧增，土地城镇化的速度明显加快，但其超过了人口的增长速度，使得城市土地的扩张与人口增长之间出现了不匹配的问题。造成该现象的原因可以归结为以下两个方面。

一方面，与一些城市在进行行政区划变动有关，包括撤县设区和建设新城区等。有些城市的发展规划通常会忽略当地产业基础和居民生活需求的现实情况。虽然城市高楼林立、景色十分宏伟，但实际上城市人口密度相对有限，产业支撑也没有及时跟上，这时“有城无业”，导致城市陷入了一种“萧条”状态。这种仅依靠投资推动的现象，使得“鬼城”现象层出不穷，造成了一定程度的资源浪费。

另一方面，城市基础设施的发展一味地依赖土地财政，给土地资源的利用带来了影响，同时也导致了城镇发展的膨胀。地方政府在推进土地城镇化的进程中，过于重视其所带来的经济效益，却忽略了相应产业的稳定发展和其在城镇化中所扮演的积极角色，导致部分农村居民受到城镇化的消极影响的波及。这种城市快速扩张加剧了城中村现象的出现；同时由于征用农地，农民失去了从事农业生产的机会，而其他行业也没有可靠的就业机会，因此，城市的社会治安和管理面临极大挑战。尽管“城中村”已经纳入城市管理范围，但其产业结构、就业方式、居住条件和社会保障制度等方面仍然与传统农村相似，可见，这些“城中村”未能跨越至真正的城镇化阶段。这种暂时性现象出现的根源是城市建设快速扩张和政府社会管理与服务水平滞后之间存在的矛盾。

# 第二章　产城融合发展的机制及关键问题

城市和产业之间相互依存，产业提供城市繁荣的动力，而城市则为产业提供必要的空间和环境条件。产城融合发展的目的在于实现城市发展与产业发展之间的整合，其理论支持是城市与经济发展相互影响的实际经验。20 世纪，随着经济的快速发展，美国和其他西方发达国家成了第二产业向第三产业转型的代表。随着工业经济的萎缩和其能够支付地租水平的降低，工业郊区化已成为一种普遍的趋势。然而，随着在城市郊区兴建的工业基地日益发展，人们也开始关注工业基地相关的城市功能是否存在缺失。在第二次世界大战之后，一些先进国家因受到“田园城市”理论的启发而开始在大城市周围建设卫星城市，以实现高质量和可持续的城市发展。在一些卫星城市中，如法国的索菲亚科技园区，当地居民的生活和工作得到了很好的平衡，有效地减轻了中心城市的交通压力，同时也成为产业和城市融合的成功案例；但是也有一些以居住功能为主的“卧城”经常遇到产业和城市发展不协调的问题。产城融合已经在全球范围内引起了广泛关注，其中一个重要的议题就是如何实现产业和城市的有效融合。

## 第一节　产城融合发展的理论基础

### 一、城镇化发展理论

城镇化是经济发展的必然结果，是一种社会历史现象。马克思在 1859 年第一次使用了“城市化”的概念，并针对当时的情形精辟地描述为“现在的历史是乡村城市化，而不是像古代那样，是城市乡村化”①。城镇化概念诞生以后，城镇化相关研究开始蓬勃发展。

① 马克思恩格斯全集．第 46 卷[M]．中共中央马克思、恩格斯、列宁、斯大林著作编译局，编译．北京：人民出版社，2001．

### （一）刘易斯的二元经济模型

圣卢西亚经济学家刘易斯（Lewis）在其论文《劳动力无限供给条件下的经济发展》中，第一次采用部门分析法的数学模型，通过该模型调研现代经济增长阶段中城乡人口流动的难题。他提出了以二元经济结构为基础的人口流动模型，这为构建二元经济理论打下了坚实的基础。[①] 这个理论模型以发展中国家的情况为基础，将经济分为两个部门：一个是传统农业部门；另一个则是以现代制造业为主的城市部门。他认为这两个部门的劳动力生产效率和薪资待遇之间存在着相当大的差异，同时，传统农业部门中也存在着边际生产率为零的过剩劳动力。随着城市部门的边际收益率逐渐高于农业部门，劳动力不断从农村涌向城市，二元经济结构逐渐瓦解。

刘易斯提出的发展中国家经济转型的模型具有以下基本特征。①发展中国家存在大量农业劳动力的剩余。由于农业生产力的相对低下，农村地区的劳动力供大于求，导致农村人口有剩余劳动力可以转移到城市进行非农就业。②城市经济的发展需要大量的劳动力，以支持工业和服务业的增长。刘易斯模型中的城市通常是工业化中的城市，具有相对更高的劳动力需求。③发展中国家在初始阶段需通过工业化来推动经济发展。农业劳动力的转移和城市工业的发展是该过程的核心。通过吸纳农业劳动力，城市工业可以快速增长，从而实现经济结构的转型。

根据刘易斯的二元经济模型，随着工业化、城镇化与人口流动逐渐融合，在国民经济中，工业与农业所占的比例也会发生一定的变动。城市的人口数量会不断增加，而农村人口则会不断减少，随着这种状况的发展，城镇化的水平也会越来越高。

### （二）拉尼斯－费景汉的劳动力流动模型

虽然刘易斯的二元经济模型对于经济发展有着十分重要的意义，而且在很长的一段时期内，这一模型指导着许多国家的经济发展进程，但是这一模型依然存在着许多缺陷。为了更准确地反映现实情况，许多学者进行了深入研究，并提出了更符合实际的模型。

刘易斯的二元经济模型可以说明现代工业部门的扩张，但该模型未考虑农业部门在工业化和城镇化进程中的发展问题。美国发展经济学家拉尼斯（Ranis）

① 陶文达．发展经济学[M]．成都：四川人民出版社，1992．

和美籍华人发展经济学家费景汉在他们的论文《经济发展的一种理论》中，阐述了一种创新的劳动力流动模式。他们认为，当农业生产率提高时，农业劳动力剩余产生，这一情况的出现才使得农业劳动力向工业部门流动。[1]拉尼斯和费景汉着重强调了农业部门的重要性，并且提出了一项新概念——不变制度工资。此外，他们还对两类不同的劳动力进行了区分。其中一类是边际生产率为零的劳动力，另一类是边际生产率低于不变制度工资的劳动力。基于这一前提，劳动力迁移可以分为三个阶段。第一个阶段可与刘易斯的二元经济模型相对应，即在农业部门中，随着劳动力增加，劳动力的边际产出递减至零，因此多余的劳动力迁移至城市工业部门。第二个阶段中农业部门的边际劳动生产率不再是零，但仍未达到与不变制度工资相当的水平。劳动力依然会持续地流向工业部门，在这个过程中，城市工业部门的工资水平会有所提高。在第三阶段，城市工业部门吸收了所有剩余的劳动力，而农业部门的工资水平则完全由边际劳动生产率所主导。要吸引更多的劳动力进入工业部门工作，就必须提供竞争力更强的工资。

拉尼斯－费景汉的劳动力流动模型是对刘易斯的二元经济模型的一种重要改进，它进一步丰富了刘易斯的二元经济模型的内涵。与刘易斯的二元经济模型相比，拉尼斯－费景汉的劳动力流动模型更加全面地认识到了农业部门在经济发展中的重要地位，而不仅将其视为向城市输送劳动力的角色。在拉尼斯－费景汉的劳动力流动模型中，他们提出农业部门不仅能够提供劳动力，还能够提供农业剩余，这是城市工业扩张和农业剩余劳动力转移的重要前提。因此，拉尼斯－费景汉的劳动力流动模型强调农业部门的发展对于经济转型的支持作用，以及农业剩余作为资源提供者的重要性。这一改进不仅更全面地考虑了农业在经济发展中的角色，还强调了农业对于经济转型的重要贡献。这为认识农业在经济发展中的地位提供了更为深入的视角，也为制定经济发展政策提供了更为全面的参考。

### （三）哈里斯－托达罗的乡城劳动力迁移与城市失业模型

刘易斯的二元经济模型和拉尼斯－费景汉的劳动力流动模型都假设随着城市工业的扩张，农村劳动力会被吸纳进城市工业部门，但在实际中却存在着城市失业问题，这与模型存在一定的偏差。20 世纪六七十年代，在发展中国家，由于大量农业劳动力向城市转移，这些国家的城市面临着严重的失业问题，这些问题

① 刘国斌．县域经济“亚核心”发展规律研究：东北地区县域经济发展战略[M]．长春：吉林大学出版社，2008．

无法被已有的模型解释。为了解决这个问题，美国发展经济学家托达罗（Todro）提出了一个新的模型，他将就业概率与预期收入引入模型体系，提出迁移决策的主要影响因素是预期的城市收入和实际的农村收入之间的差额，这一差额和城市就业概率共同影响着农业劳动力是否进入城市。①

托达罗认为控制发展中国家乡村居民向城市流动的人口数量非常重要。因为这一举措可以处理城市失业问题并提供农业经济所需的劳动力。他建议在促进工业扩张的同时，要关注农村经济的发展，增加农民的就业机会和收入，以此减少城乡收入差距。

针对发展中国家的失业问题，美国经济学家哈里斯（Harris）和托达罗对现有的两部门模型进行了拓展。他们认为，以前假设劳动力可以直接流入城市工业部门存在一定的局限。实际上，城市中存在着传统部门和现代部门并存的“双重结构”，其中传统部门通常被划分为非正规部门。他们认为，农村劳动力流入城市后往往要先进入传统或非正规部门，这导致原先的二元结构演变为三部门结构。因此，通常情况下，农村劳动力在从农村进入城市就业时会经历“从农业部门到城市非正规部门再到正规部门”的过程。②

## 二、产业集群理论

### （一）马歇尔的产业区理论

英国著名经济学家马歇尔（Marshall）在《经济学原理》中提出了早期产业区理论。他认为，企业之所以能够在这些地区聚集，是因为这些地方拥有外部规模经济效益的条件，这些条件在企业的发展过程中有着积极的推动作用。企业集聚集中体现了许多优点，包括形成专业劳动力市场、共享基础设施、降低生产成本和实现信息共享。另外，企业集聚还可以营造协同创新的氛围，从而推动产业集群的繁荣发展。尽管马歇尔把研究重心放在企业组织方面，而非产业集聚现象，但我们可以借助产业区理论来更深入地探究产业集群。

### （二）克鲁格曼的新经济地理学理论

产业集群理论的研究之所以能得到显著推进，是因为新经济地理学理论在其中发挥了重要作用。这个理论考虑了企业内在的经济影响因素，如区域选择，

① 舒元．中国经济增长分析[M]．上海：复旦大学出版社，1993.

② 吴敬琏，张卓元．中国市场经济建设百科全书[M]．北京：北京工业大学出版社，1993.

同时也探讨了企业在控制成本前提下的规模收益和其他外部经济因素。美国经济学家克鲁格曼（Krugman）的“核心－边缘”模型被认为是新经济地理学理论的支柱。这个模型研究了规模经济和运输成本的相互作用，从而影响了经济活动的地理分布。他强调，随着产业规模的不断扩大，资源和要素的聚集将会进一步加强产业集聚，进而形成规模经济效应，使得更多的企业被吸引进入产业集群中。[①]

### （三）波特基于竞争力的产业集群理论

产业集群理论是一种解释和分析产业集群现象的理论框架，由哈佛商学院教授波特（Porter）提出。该理论强调了产业集群对于企业和地区竞争的重要性，以及对集群内部企业间的合作与竞争起到的作用。产业集群理论认为产业集群是一个地理区域内相关产业中的企业相互关联、相互依存的集合体。通过集群内企业之间的合作和互动，集群能够促进知识的交流、协同创新、资源的共享和效率的提高。这种紧密合作和互动可以带来多方面的竞争优势，包括规模经济、技术创新、人才流动和供应链效应等。产业集群理论强调了集群内部要素和外部环境的相互作用与影响。主要的要素包括生产要素（如劳动力、土地、资本等）、需求条件（市场规模、品质要求等）、相关和支持性产业（供应链、配套产业等），以及企业的策略、结构和竞争环境。这些要素共同作用，形成了一个综合的竞争环境，影响着整个集群的竞争力。产业集群理论对于政府和企业制定发展战略具有重要意义。政府可以通过提供基础设施、促进教育培训和技术创新、制定合理的产业政策等方式，营造良好的集群环境和支持条件。企业可以利用集群的资源和人才优势，进行合作创新、提高产品质量和降低成本，从而增强自身的竞争力。

## 三、产业与城市互动理论

### （一）产业发展是城镇化可持续进行的根本

根据瑞典经济学家缪达尔（Myrdal）提出的循环积累因果理论，城市的发展与当地资源条件不再成正比，而是取决于城市本身吸引生产资源（如资本、劳动力等）的能力。随着城市规模的增长，这种能力也在不断增强，其能力强弱取决

① 何雄浪．产业空间分异与我国区域经济协调发展研究：基于新经济地理学的研究视角[M]．北京：中国经济出版社，2013.

于城市是否具备繁荣的优势产业。该产业将促进其他相关产业的发展，而这些产业又将催生更多的优势产业，如此循环往复。该理论认为城市和产业的繁荣紧密相关，因此产业应该位于城市发展的重要环节。

城市之所以繁荣，是因为有产业支撑。随着技术的不断提升和产业的不断升级，农村的劳动力也开始逐渐涌向非农产业。随着第三产业的快速发展，新的工作机会不断涌现，并使这个行业的从业人员收入水平提高，从而推动城镇化的快速发展。这一情况也扩大了居民的消费需求，为城市发展注入了强大的动力。另外，随着产业的发展，越来越多的人加入“就业池”中，并开始从事与产业相关的职业。

#### （二）产业集聚与城镇化相互影响

在城镇化的推动下，产业集聚也得以发展。当经济活动表现出规模效应时，为了获得更多收益，经济参与者往往会选择在某个领域进行大规模生产，以扩大它们的市场。随着人力资源共享和信息交流的增强，城市呈现出集聚效应，吸引着更多的经济实体涌入，从而促进了城市经济活力的不断增强。

此外，城镇是产业集聚的空间载体。根据集聚效应理论在城市经济学中的应用，可以看到城镇化有助于拓展生产型和生活型服务业市场需求，推动产业结构升级到更高级别。城镇化的推进可以促进产业集聚，提高企业的生产效益。由于规模效应和集聚效应的存在，各个产业在城市内得以集中发展，这反过来又促进了城市的形成和发展，使得产业得以更加繁荣。产业集聚不仅促进了城镇化进程，还能够提高产业自身发展的可持续性程度。这一实际情况也反映出了“以产促城，以城兴产，产城融合”的思想。

## 第二节　产城融合发展的内在机理

### 一、产业结构演进对城镇化的作用影响

城镇化的推进受到了产业结构演进的影响。城镇化是随着地区产业结构的升级发展，将各种要素逐渐汇集和迁移到城市产业空间中，从而促进城市规模不断扩大的过程。实现城镇化需要在产业发展的稳定基础之上，深入分析产业结构。产业结构对城镇化的影响主要体现在以下三个方面。

### （一）产业结构演进通过生产要素流动效应推动城镇化发展

通常情况下，生产要素是指科技、劳动力、资本、土地等，实现生产发展必须建立在这些因素的基础上。市场需求、产业发展和投资环境等多个方面是经济因素，对生产要素的流动和转移起着最主要的作用。在市场经济中，常常会通过优化生产要素来实现利润最大化的目标。产业结构演进对生产要素流动具有重要的推动作用。

科技的进步一直以来都是促进产业结构演进的主要动力。科技创新孕育着新的产品和产业，并且推动生产要素从低劳动生产率的领域转移到了高劳动生产率的领域，最终实现产业结构的高水平升级。需求量和需求结构的变化是由科学技术的不断进步带来的，因此人们对不同商品的需求也呈现出差别。产业需求增长迅速，随着需求结构的改变，供给结构也会相应地进行调整。预期回报率的变化也会影响生产要素的投入比例和方向，进而对产业结构的发展产生影响。高回报率的第二产业和第三产业不断吸引着劳动力、资本、技术等生产要素，从而使得这些要素在第一产业中流失。第二产业、第三产业主要分布在特定区域，这会推动生产要素向这些具有区位优势的地方集中，并与土地要素相结合，从而产生从事第二产业和第三产业生产、经营的经济组织——企业。这表明，产业结构的变化不仅促进了生产要素的流通，还促使了企业在城市集聚。

劳动力与其他生产要素相比具有特殊性。一方面，城市经济生产必不可缺的要素是来自农业的剩余劳动力。另一方面，城市的未来居民和消费者包含着那些拥有劳动力的个人及其家庭。城乡收入差异是导致农村剩余劳动力向城市转移的根本原因。越来越多的农村劳动力进入城市就业市场，使得农村人口也逐渐涌向城市。这种迁移是分阶段进行的。首先，一些劳动力个体会前往城市工作。其次，夫妻会共同前往城市工作和居住。最终，整个家庭，包括孩子和父母，也会迁往城市。我们可以看到，随着产业结构的变化，生产要素不断地流动，人口也随之向城市聚集。产业结构的递进是指从依赖自然资源转向依赖金融资本和人力资本，这是一个逐步推进的过程。为了使产业结构实现变革，需要提升该区域的教育水平，进一步扩大城市人口规模，从而促进城镇化的发展。

产业结构演进和城镇化互动发展的基础是生产要素的流动，其中各个要素的特性也不尽相同。就流动性而言，资本和劳动力比土地更加容易转移和流通。如果不同要素的流动速度和方向发生偏差，那么可能会阻碍产业结构和城镇化的平稳发展。虽然农村人口的迁移和剩余劳动力的转移息息相关，但它们并非同时发生的。如果流入城市的劳动力无法顺利地融入城市并转变为城市人口，那么城市的规模扩大及城镇化水平提升会受到影响，并且这种情况还可能引发城市发展不稳定的风险。为了使产业结构演进和城镇化协调发展，我们需要确保生产要素的顺畅流动，为此要特别关注劳动力的流动和农村劳动人口转变为城市居民的问题。

要推进城镇化进程，我们就必须确保各要素在市场上自由流通。通过调整市场潜在回报率，城市能够引导产业结构的投入方向，使得资本和土地得到更优化的使用。为了促进城市的持续发展，我们要提高城市的综合能力，并不断提升城市的内在品质。

### （二）产业结构演进通过产业关联效应推动城镇化发展

投资结构的改变导致了产业结构的变化。在考虑产业投资时，我们通常要遵循利益比较的原则，优先选择那些能够带来高额收益且在城市中拥有竞争优势的产业。依据产业关联效应理论，城市可以依靠其主导产业或特别突出的产业来促进地方经济的发展，实现就业的增长，这也为农村人口的转移提供了空间。仅靠人口数量和规模的增长，无法实现城市的全面发展；而要通过优化产业结构、提升城市功能水平、调整就业结构等途径，推动城镇化朝着更加高水平的方向发展。

产业结构的演进不是某个行业独自发展，而是整个产业系统内各个不同行业间相互作用、相互关联和相互影响。各个产业之间紧密相连，相互影响的程度取决于它们在产品、服务、生产技术、价格以及劳动就业等方面的差异。内在产业的关联会导致整个产业结构演进呈现出一定的组织性和规律性。随着产业关联效应不断发挥作用，产业结构在不断演进的同时，也在推动着城市结构和功能的不断完善。

通常情况下，我们可以根据配第－克拉克定理、霍夫曼定理等理论推断出，产业结构的演进通常会按照一个先发展农业，再发展轻工业、重化工业、加工工业，最后逐渐转向现代服务业的过程进行。通常情况下，轻工业的特点是占据大量劳动力资源，因此在其迅速发展的过程中，会充分利用农村的剩余劳动力，进而推动城市人口和规模的迅猛增长，与此同时，现代服务行业也会以较快的速度发展。

随着工业化进程的推进，很多发达国家进入了后工业化阶段。在这一时期，虽然城市人口的增加变得缓慢，国民经济中第二产业的比重有所下降，但是第三产业得到了较快的发展，城市的基础设施和公共服务等部门更加完善，城市的功能也更加丰富。不同产业在城市的依次发展和逐步完善，促进了城市结构的完善和功能的提升。因此，产业结构的演进可以通过产业关联效应促进城市结构、功能的完善，带动城镇化的发展。

在产业结构演进通过产业关联效应促进城市结构、功能完善来推动城镇化发展的这一过程中，也可能存在着不协调的情况。通常情况下，发达国家的产业结构演变一般沿着“从农业到轻工业，再到重化工业、加工工业再到现代服务业”的顺序逐步推进。因此，这些国家的城市规模的扩大、城市发展水平的提升也是平稳的、逐步的。由于发展中国家的资源和条件与发达国家有所差别，它们在国际分工中的角色与发达国家存在差异。因此，它们的产业结构演变通常不是按照线性递进的方式进行，而是具有一定的跳跃性。尽管这种快速发展的方式可以在某一段时间内刺激经济增长和结构调整，但也可能会在城镇化进程中产生一系列问题。例如，一些工业化程度较低的发展中国家，第三产业的扩张速度快于其他产业，就会引发过度城镇化的问题；一些国家过于强调重工业的发展，就会导致城镇化和产业结构发展的不协调，从而造成城镇化滞后的现象。

### （三）产业结构演进通过产业转移效应推进城镇化发展

随着城镇化的进一步发展，一些大城市的人口和企业集中程度越来越高，导致了交通拥堵、人口密度过大以及成本上涨等问题。这些问题的出现会导致企业的规模效应逐渐减弱。如果生产成本高于交易费用，那么一些工业型企业出于成本降低和竞争优势的维护等目的，可能会选择将生产基地迁移到城市边缘地区。一些服务型企业会借助优越的地理位置条件，占据曾经工业型企业的位置，实现本企业的发展。这一情况就导致了城市内不同产业空间位置的变迁。

产业会逐渐地从一个地方转移到另一个地方，这种现象即产业转移。随着经济和技术的不断进步，一些城市诞生和形成了新的产业。为了保持竞争力，一些较为落后的企业会陆续将业务扩展至欠发达的小城市和乡村。这种变革不仅加速了中小城市和乡村地区的发展，还促进了核心城市与周边城市之间的互动，促进了城市群的形成和壮大，也进一步推进了城镇化进程。

产业转移并非一定能推动城镇化的健康发展。如果企业在转移时不能有效地实现较大的价值增长，就会面临高昂的转移成本，这可能损害企业的经济效益，并对城市经济的发展产生负面影响。此外，产业转移会带来一些潜在的竞争优势，但同时也可能会出现一些额外的风险。如果产业转移符合市场运作机制，那么各利益相关方的平衡关系也会比较容易得到维护。如果这种转移没有以盈利为导向，而是采用非市场化手段进行的，就可能会遇到一些难题和阻碍。

综上所述，产业结构演进对城镇化的作用机制如图 2-2-1 所示。

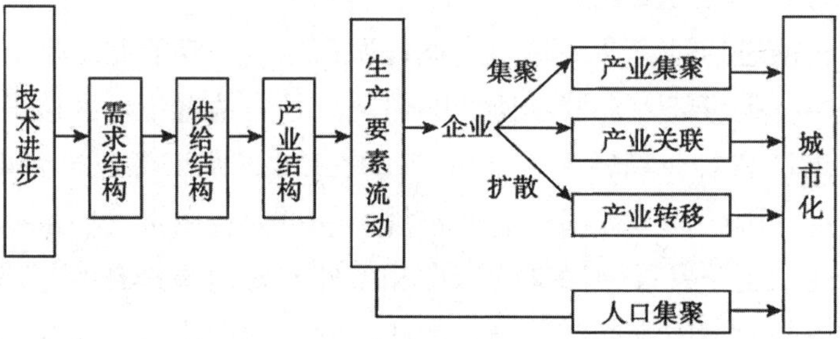


**图 2-2-1　产业结构演进对城镇化的作用机制**

## 二、城镇化对产业结构演进的作用影响

城市的本质在于将各种资源聚集在一定的空间之中。城镇化是经济和人口聚集的必然结果，同时城镇化也会通过集聚效应对产业结构的发展产生影响。这种影响可以在多个领域得到体现，如产业集聚效应、改善供给结构、改善消费需求结构等。

### （一）城镇化通过产业集聚效应影响产业结构的演进

城市提供了必要的地理空间，使得不同的生产要素能够在特定的地域空间中得到落实。随着城镇化的推进和城市规模的扩大，原本分散在各地的资源和要素会逐渐流动和集中到城市中心，这有助于推动产业的升级优化，为城市经济发展提供更有利的空间条件。产业结构的整体升级需要依赖产业空间的变革，而城镇化则是实现产业空间变革的主要方式。可以说如果没有这种变革，就难以实现产业结构的全面提升。

随着城镇化的不断推进，城市范围也在不断扩大。在城市规模较小的情况下，城市空间的集聚效应更强，从而更有助于推动产业结构的变革。一些企业倾向于在同一行业内聚集，从而形成产业集聚，这种现象带来了多方面的益处：一方面，这有助于推动整个行业劳动力生产效率的提升，并通过竞争的刺激形成独特的区域产业特色；另一方面，通过充分利用集聚效应，可以促进相关行业的服务和辅助设施得到更好的发展。另外，产业集聚也有助于不同种类的企业进行集聚，从而提高规模效益和范围效益。这不仅有助于本地企业的成长，还能够吸引更多的企业和人才在该地区聚集。随着产业不断集中发展，企业和人口也纷纷涌向城市，这就需要城市更加严格地进行组织和规划，如规划居民区、进行交通的规划和管理、合理布局和运营商业区，通过这些措施可以促进城市相关服务业的发展，提高服务水平。

此外，产业集聚能在很大程度上促进具有地方特色的优势形成，从而形成区位品牌。因此，产业集聚所在的区域能形成一个经济增长极，促进产业结构在区域范围内的梯度转移和优化升级。

如果没有城镇化或城镇化进程落后，就没有或缺乏产业演变所需的生产要素或非生产要素的集聚，无论是更换主导产业还是更换优势产业，相关产业的发展都不可能获得必要的资源和有助于实现规模经济的市场牵引，也不能为产业提供基础，则必然会导致产业结构“空转”，进而会制约产业结构演变和优化升级。相反，城镇化适度超前于产业结构的演变，能够为产业结构演变过程提供市场需求，包括要素供给、基础设施及各种服务等，这样会更进一步地促进产业结构的优化升级。

### （二）城镇化通过改善供给结构来支撑产业结构的演进

产业结构演进需要一系列的供给要素的支撑，包括劳动力、资本、技术、土地等因素。城镇化的发展既带来城市中人口、企业和组织机构的集聚，又促进城市规模、结构、功能的完善和居民生产、生活水平及文明程度的提高。在城市的规模、质量和水平得到提升的基础上，城市的人口素质可以得到较快的提升；在空间集聚的过程中，企业获得了更多的收益，促进了资金的积累和技术的进步。在城市规模扩大的同时，服务业得到较快发展，实现了基础设施和公共服务体系的完善等。这些积极的变化能够通过改善供给结构来支撑产业结构的演进。

在城镇化初期，城市的规模较小，经济实力有限，技术水平低，产业结构不完善，城市功能也不完善。这一阶段，城市产业以劳动密集型的轻工业为主，劳动力主要是来自农村的剩余劳动力，城市为产业结构演进提供的要素供给的数量和质量都是非常有限的。

随着经济的发展和城镇化水平的提高，城市的规模效益和集聚效益逐渐发挥作用，积累了大量的资本、劳动力和先进技术，城市的功能不断地得到完善。一方面，城市经济的发展为吸引和容纳更多的农村剩余劳动力创造了条件；另一方面，随着在城市环境中成长起来的劳动力的受教育程度和文化素质的明显提高，城市发展为产业结构演进提供了更高层次的劳动力。与此同时，得益于城市的集聚效益，企业的利润增加，促进了资本的积累，为企业由劳动密集型产业向资金密集型产业进而向技术密集型产业的转变提供了充足的资金，为产业结构实现由轻工业向重化工业再向加工工业及现代服务业的发展创造了条件。城镇化不仅能为产业结构演进提供劳动力和资金，更为重要的是，随着城镇化的持续推进，城镇化对技术创新的作用也越来越显著。根据集聚效应理论，城镇化的发展促进了分工深化，营造了有利于知识外溢的环境，对于技术和人才的吸引力不断增强，使城市成为技术创新的主要区域。对于后期阶段，城镇化对产业结构递进提供先进的科学技术、人才及信息的支持，主要表现在随着城镇化经济增长，第三产业在整个区域经济发展中的比重增加，同时城镇化的发展推动产业结构逐阶有序地递进，从而实现了区域的产城一体化。

城镇化通过改善供给结构来影响产业结构演进存在着多种可能性。如果出现城市劳动力供应大量增加，而教育、医疗、社会保障等公共服务供给不足，就可能影响劳动力素质的普遍提高。

### （三）城镇化通过改善消费需求结构来支撑产业结构的演进

从人口的角度来看，城镇化就是非农业人口在城市集聚及其在总人口中的比重不断上升的过程。随着经济的发展和人们生活水平的提高，个人消费的需求和规模都发生了改变。由于城市人口一般从事劳动生产率较高的第二产业、第三产业的生产，因此城市人口的人均可支配收入要明显高于农村人口。一般而言，在经济增长的前提下，随着城镇化的发展，居民的人均收入水平会有较大的提高，城市居民家庭的消费需求总量会增加，消费需求结构也会发生变化，他们对高质量的生活必需品、耐用消费品和劳务商品的需求会增加，从而为农产品、工业品数量和质量的提高以及第三产业的发展提供动力。随着农村剩余劳动力向城市转移，一方面，他们的人均收入水平会提高；另一方面，在城市便捷的交通条件、良好的消费环境和城市文明的影响下，他们的消费需求结构也会发生较大的变化，人们的消费从仅仅满足温饱需求，转为对耐用消费品和劳务服务方面的多元化、高层次的需求，这极大地推动了最终产品的大批量生产，同时促进了中间产品的发展。因此，城市居民的消费水平也会得到提高。此外，人口的增加和城市规模的扩大，带动了与生产、生活密切相关的住宅、供水、供电、供热、交通、通信等基础设施需求的增长。为了满足这些需求，必须进行大规模的城市公共设施建设。这些公共设施的建设能够带来大量的投资而产生乘数效应，从而带动相关产业的发展，并通过产业之间上下游的关联效应带动产业结构的变动，间接带动其上下游产业发展。

城镇化通过改善消费需求结构来支撑产业结构演进也有很多的条件。首先，它建立在城市人口收入增加而且消费也随之增加的情况下。如果城市人口的收入增长缓慢，或者在收入增加的同时其消费支出没有相应增加，则产业结构的演进就会缺乏需求动力。其次，城市基础设施建设的乘数效应是否有利于产业结构的升级取决于城市的规模与实际情况。对于达到一定规模的城市，进行相应规模的投资建设，有利于规模效应和集聚效应的发挥，也符合世界上大城市超先发展的趋势；而对于一些规模较小的城市，如果盲目进行大规模的投资，既可能难以形成规模效应和集聚效应，又可能造成资源的巨大浪费。

## 第三节　产城融合发展的作用机制

产城融合发展的作用机制是指在产业和城市发展的整个结构体系中协调运作的规律。这个机制的稳定性和规律性较高，其具体机制如图 2–3–1 所示。产城融合发展的作用机制体现在要素变化对促进融合的推动作用上，这股强大的力量好比引擎驱动着产城融合的发展。

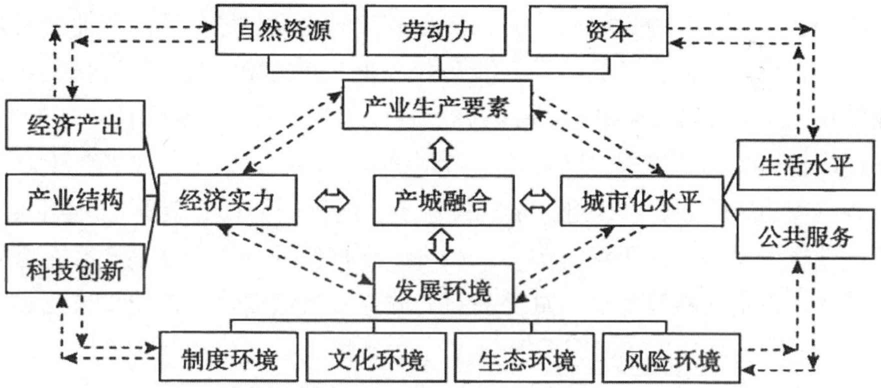


图 2-3-1　产城融合发展的作用机制

### 一、产业生产要素是产城融合发展的原动力

产业生产要素有自然资源、劳动力和资本。自然资源是基于自然的物质与能量，是社会生存和经济发展的基础，其可以被人类发现并生产消费，从而提升人

类当前和未来的生活水平。在生产过程中，必须充分利用劳动力这一要素来优化配置生产资源。同样地，生产活动将促使劳动力需求增加，改变劳动力就业结构，对产业发展方向和城市经济发展进程产生影响。因此，劳动力供给和就业结构的变化对于整个经济体系的发展具有重要的影响。资本是能够产生剩余价值的财富，是能投入于生产和运营中以获得收益的资金，包含了用于再生产的有形资产和无形资产。

产城融合发展需要产业生产要素。产城融合发展是城市发展与产业发展的紧密结合，它体现了经济社会可持续发展的理念。这种发展模式的推动力主要源自产业生产要素的综合作用。城市发展需要充分利用自然资源，包括土地、水、风等资源，合理利用和保护这些资源是实现城市可持续发展的基础。此外，资本的投入也是产业升级和城市经济增长的关键因素。通过引导投资方向，可以促进产业的转型升级，推动城市的可持续发展。同时，在劳动力发展方面，需要加强对其技能的培训和教育，以提升劳动力的素质和技能水平，满足产业发展对人才的需求，这可以为城市的产业发展提供有力的人才保障。

## 二、经济实力是产城融合发展的动力基础

经济实力包括经济产出、产业结构和科技创新。一个地区的经济产出可以是由 GDP 或人均 GDP 等指标测度的经济总量，而这又与该区域的产业发展密不可分。产业结构是社会分工的结果，涉及各产业之间的相互关联和比例关系，包括产业结构、分布格局和组织形式等内容。科技创新是科学研究和技术创新的统称，旨在提出新概念、新思想、新方法、新理论和新发现，是生产工艺、生产流程和产品制造等领域的创造和改进，是科技进步、应用创新和科学研究的共同结果。

产城融合发展取决于经济实力。经济产出提供的物质产品是产城融合发展的物质动力，也是其稳健发展的重要基石。城市发展需要倚靠产业支持及其未来发展方向的指引。城市的产业结构变迁基于城市所拥有的资源和积累，其作为原动力促进城市发展。随着生产力的迅猛提升，第三产业正快速扩张，并成为城市后工业化时期的支柱产业，推动促进城市的经济发展和产业升级，以实现产业和城市的综合发展，转变城市外延式的粗放发展方式。城市地区经济快速发展的关键在于科技创新，科技创新是形成科技增长的核心。科技创新不仅推动了产业、技术和人才的汇聚，也促进了产业与城市之间的互动，有助于知识社会的进步，保护城市资源和环境，促进城市公共服务一体化的发展和加强，对于促进城市经济

社会的和谐发展以及提升城市竞争力至关重要。科技创新是推动经济社会发展的新产业，为社会经济的进步和发展提供了关键性的支持，展示了经济实力，而且是社会进步和产业结构调整的重要推动力量。

## 三、城镇化水平是产城融合发展的动力保障

城镇化水平包括生活水平、公共服务。生活水平是描述在某个社会经济发展阶段，人们满足物质和文化需求所需产品和劳务的消费程度，涵盖了人们的实际收入水平、消费水平以及消费结构等方面。公共服务旨在满足公众需求，由政府或其他经济实体投入，满足人们生活和生产的需求，包括教育、医疗卫生、社会保障和基本公共设施等方面。

生活水平和公共服务是产城融合发展的驱动力量。城市居民消费水平可以体现城市居民生活水平，消费是生产需求的最终呈现。消费需求的上升提供了产业升级的机会，主要体现在变革传统产业，发展新兴产业，特别是生产和生活服务型产业。产业不断适应并满足消费者的新需求，就能延伸产业链，创造机遇和推出新产品，实现城市和产业的均衡发展。提高公共服务水平可以为社会大众提供有效保障，即只有持续提供高品质的公共设施和公共服务，才能维护公民的基本权益，推动城市有序发展。公共服务的不断提升，可以使不同区域的居民在居住、就业和公共服务享受方面的差距日益缩小。

## 四、发展环境是产城融合发展的后续动力

发展环境包括的因素有制度环境、文化环境、生态环境、风险环境。制度环境指的是社会、法律和市场的基础规则，用以发展生产、交换和分配基础资源。制度环境是影响经济的官方因素和非官方因素的综合，包括法治环境、市场化程度、政府职能转变及开放度等因素。学者格罗伯尔曼（Globerman）和沙博理（Shapiro）认为，制度环境稳定说明政府的行政和立法工作透明、腐败程度低，能够确保市场机制分配基本资源时减少政府对市场的干扰，促进社会经济的发展。人类的物质和精神文化活动需要协作和秩序，而文化环境则是这种创造活动的基本文化条件。生态环境是与人类的生活和工作密切相关并会对它们产生影响的自然力量的综合，其作为物质条件综合体来维持人类的生存和进步，城市生态环境这一复合生态系统与城市经济社会持续发展相关。风险环境是指事物内部发生潜在危险概率和后果的综合，在产城融合发展的过程中，可能面临的风险涵盖了产

业、债务、金融和治安等方面。

产城融合发展的进展受到环境影响，一旦出现问题，可能会阻碍其发展。例如，金融制度环境不良会阻碍城市有效地整合和分配社会资源，影响产业增长并导致经济运营效率低下，甚至导致大量资本流失，降低城市经济的竞争力。创造城市文化氛围是一个多层次的复杂环境体系建设，正确引导和定位文化方向则有助于城市的快速进步，通过适应文化背景，可以推进产业转型、加快城市物质文明水平的建设、提升城市的精神文明水平。城市生态文明建设的加强是必要的，它有助于提升城市民众对生产和生活的参与度以及推动产城融合循环发展。如果我们无法提早识别并有效管理风险，就会对城市和产业发展构成严重威胁，妨碍产城融合进一步发展。因此，在城市和产业发展过程中，管控并降低风险产生的影响至关重要。

## 五、产城融合互相发展的反作用力

生产要素变化、产业结构变迁、技术进步、消费需求提高以及公共服务质量改善等因素产生的作用力推动着产城融合发展，同时产城融合发展也会对这些要素产生反作用力。产城融合发展最终可以推动城市的更新和完善，促进城市、产业、居民的发展和正向互动。这些特点保障城市合理开发和利用自然资源、提升劳动力素质以及高效利用资本，这也会吸引领先产业、促进产业改革、促进产业的创新和升级，从而推动城乡一体化发展。产城融合发展受制度环境、文化环境、生态环境和风险环境等因素影响；同时，产城融合发展也会对这些因素产生反作用力。如果根据城市承载能力进行合理规划，就能渐渐改善生态环境。随着产城融合不断发展，文化环境和制度环境将不断改善，确保制造、交通、卫生、教育、金融等行业有序发展，最大程度地降低各种风险，保障城市和产业的健康循环发展。

总的来说，产业可以带动城市发展，城市则为产业发展提供支持。他们的综合发展是产业生产要素、经济实力、城镇化水平和发展环境等各种发展因素相互作用的结果，这推动了产业的更新和城市的健康发展，对城市和产业之间的协调发展至关重要。

# 第四节　产城融合发展的动力机制

按照《现代汉语词典》所述，“机器结构和工作原理”是“机制”的最初含义，后来用来说明自然现象和社会现象，泛指“一个工作系统的组织或部分之间互相作用的过程和方式”，核心含义是针对一个事物的多个部分，需采用有效的运作方式来使它们协调工作，更好地发挥作用。[①] 理解“机制”就要明白事物的构成和采取什么运行方式来协调各部分之间的关系。存在物体构成部分时，就必须思考如何使它们协调一致。

“体制”和“机制”这两个词很容易被人混淆。根据《现代汉语词典》的定义，“体制”是指“国家机关、企业、事业单位等的组织制度”。通常情况下，体制指的是结构层级化的制度，其包含政府部门、企事业单位以及其他形式的组织。[②]“机制”则关注事物内部各部分之间相互作用的方式和过程，也就是它们之间的规律原理。机制本身含有制度因素、手段和方法的意思，换句话说就是制度加方法。机制在系统中具有根本性作用。如果一个社会系统拥有良好机制，就能够在外部条件发生不确定的变化时自动调整以实现最佳结果。“动力机制”指的是对一件事物产生动力的各个组成部分的协作方式和规则。

产城融合发展的动力机制指的是多种因素协作的综合系统，能够促进城镇化进程，推动产业和城市之间的良性互动。工业化、科技、产业集聚以及制度等因素相互作用并组成了这个综合系统。换言之，产城融合发展的动力机制即在城市的发展过程中，各种力量相互作用，推动城市的功能和产业发展有效互动的各种动力及其相互关系、作用规则。

## 一、产城融合发展的动力因素分析

### （一）从工业化的根本推动力来看

农业进步促进了城镇化的初步发展，工业化则是城镇化的根本动力。一方面，随着工业化进程，企业在地理上聚集，吸引了大批劳动力从农村转移到城市，城镇化率因此增加，这是集聚效应的结果。由于劳动者是产业发展必要的元素和城

① 何世红．现代汉语词典[M]．北京：北京妇女儿童出版社，2002．

② 同上．

市发展的必要条件，因此他们在联系产业与城市方面至关重要。工业繁荣、工业产出和工人的增加，说明薪水和服务需求增加。如果服务供应稳定，就会导致服务价格上涨，该地区服务业将吸引更多劳动力，人口数量也将有所增加，对服务业的需求也会增长，促使城市经济不断壮大，强化城市载体功能。

另一方面，城市也会反作用于产业发展。城市建设的推进和城市功能的完善造成服务业人员数量和服务业总产值攀升，推动当地总收入和工业品需求的增长。如果在短时间内工业品供应稳定，那么工业品价格将会上涨，工人工资也会增加，从而吸引更多劳动力，推动产业发展。因此产城融合来自产业存在，人们在该地区从事经济活动，扩大了城市功能的需求。城市功能的优化促使人力资源增加，通过劳动力和服务定价促进区域的经济繁荣。在这个过程中，城市不断改进，产业结构不断优化。价格机制和因果循环机制实现了产业和城市的作用。

### （二）从科技的重要支撑力来看

科技创新推动了新产业形成，并使其成为主导和支柱产业，深刻促进了产业集聚和结构的转型。现代城市建设也凸显了科技支撑力。建设智慧城市能促进产业发展和城市功能完善。缪达尔提出循环积累因果理论，他认为在城市经济增长中产业生产要素集聚能力的重要性甚至超过了资源禀赋。这种能力要看城市能否形成兴盛的主导产业并通过该产业带动新产业的兴起，新产业又能否促成主导产业。科技创新能力是城市形成主导产业的关键因素，科技创新能力越强，就越能更好地满足市场需求，形成主导产业，推进产业升级。科技进步支撑了工业化，催动了经济增长，为城市发展提供了基础，影响了城镇化进程。

### （三）从制度安排的资源配置力来看

一般而言，制度可以分为三个级别：根本制度、基本制度和具体制度。根本制度是宏观层面，基本制度是中间层面，具体制度是微观层面。本书讨论的制度创新影响产城融合，主要针对具体的微观层面制度，即国家和政府的城镇化和产业发展政策。城市和产业的发展进程受制于制度安排（包括调整政府公共政策），这些因素可以促进或者抑制发展进程。城市发展可以受到创新制度安排的多方面影响，如土地政策、户籍制度、人才政策和社会福利政策。有效的制度安排可以促进生产资源整合，提高城市经济活力，加速城市发展，使其成为产城融合发展的重要推手。

## 二、动力因素推动产城融合发展的作用机理

城市发展中使产业发展和城市功能良性互动的各种因素在工业化、科技、集聚效应和制度等要素构成的综合系统中的作用原理如下：工业化促进产城融合发展，科技支撑产城融合发展，集聚效应促进产城融合发展，制度安排配置产城融合发展的资源。工业化是促进产城融合发展的基本力量，没有它的支持，产城融合发展的基础就不稳固，会缺乏支撑，即使城市有所发展也难以持续。许多资源加工型城市在后期资源枯竭、难以维持，就充分体现了这一点。随着工业化动力减弱，科技就成为城市工业化升级的推动力，需要适应工业升级换代的人才和各种资源，引发产业和城市的深度融合和扩大，带来新的集聚效应，这时制度资源分配能力需要被充分利用。科学合理的制度安排能够减弱产城融合发展向深度和广度发展的阻力，发挥资源配置的作用；反过来，阻力增加，产城融合发展难以和谐、协调。

工业化对于推进产业结构升级、促进城市经济稳定发展至关重要，在整体和总量方面表现突出。科技对城市和产业发展起着支撑作用，为其提供技术支持，可以提高城市的竞争力。城市的集聚效应能够增加企业数量和人数，刺激城市的空间扩张和繁荣发展。城镇化的形态、结构和发展机遇受到制度安排配置资源的影响，如其会对城市的功能定位和规模结构产生影响。这些要素相互合作，推进城市经济的成长和功能改善，共同促进产城融合发展，提升城市的竞争力和综合实力。如图 2-4-1 所示，展示了产城融合发展的作用机理（工业化、科技、集聚效应和制度安排为推动因素）。

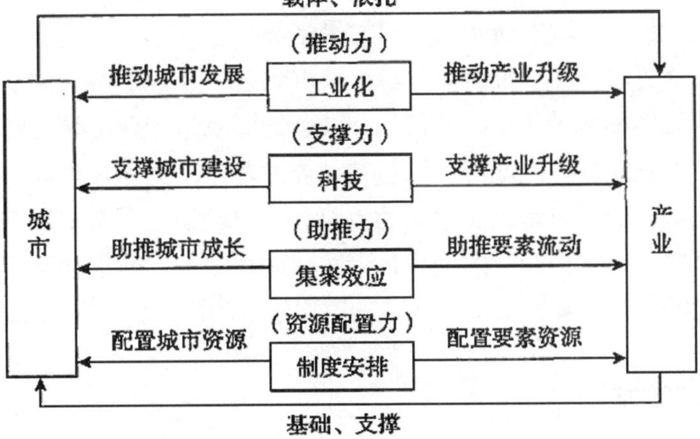


图 2-4-1　产城融合发展的作用机理

## 第五节 产城融合发展的关键问题

### 一、政策规划的导向

政策规划对产城融合发展的指导作用较强，涉及产业政策引导和城市规划建设两方面。目前国内城市面临的重要问题是快速增长和质量失衡。由于内部开发混乱，所以土地资源难以得到充分利用，导致城市功能建设不足。造成垃圾环城、交通拥堵、生态恶化，这些问题产生的重要原因就是缺乏具有前瞻性的政策规划。为了促进产城融合发展，需要更加科学和高效的政策规划体系，利用规划、经济和建设等部门的协作机制，综合考虑产业、人口、公共设施、生态环境和社会服务等因素，秉持“弹性规划”理念，考虑未来城市的需求和发展趋势，增强规划的可预见性，为实现产城融合提供重要的外部指导。

### 二、产业的升级

实现产业的升级可以整合城市空间。城市空间结构描述了城市元素在空间范围内的分布和连接方式，根据它们的经济区位需求而安排，反映了城市经济和社会结构。城市空间由多类区域构成，包括生活区、产业区、商业区等。如果人为切割它们，城市的整体流动性就会受到影响。现代服务业取代传统制造业成为城市产业主体，将促进城市内部空间形成紧凑、细化、多元的布局，并且需要员工面对面互动交流经验和技能以提升企业的效率和创新能力。因此，产业的发展和集聚促进了城市扩张、城市功能和空间的优化融合。

产业的升级可以提高城市运营效率。城市的运转效率即城市内部人员、物资、资金和信息等资源的流动效率。与低端产业相比，高端产业可显著降低城市运营成本、提高资源利用率。高端产业的材料、能源和人员的运输量较小，可以减轻城市内部的交通压力，但是需要大量的资金和信息流通。通常情况下，这类产业会在特定地区集中，选择较近的地理位置可以减少企业间的运输费用，有利于促进区域内信息的交流、降低城市公共基础设施建设的成本，从而增强其效能。

### 三、城市的发展

产业升级的市场需求可以通过城市提供。作为一个地区的中心，城市的集聚效应更显著，要素流动更迅速，社会功能更综合，可以成为产业发展的平台。人们被城市功能吸引涌向城市以追求更优越的物质生活条件。城市居民生活水平的提高和城市空间的演变使城市需求和生产结构发生变化，为产业升级提供了必要的市场需求，刺激产业做出相应变革。虽然人口增长会带来城市地价上涨、交通拥堵和环境污染等负面影响，但其也是推动城市自我改革和产业升级动态平衡的重要力量。

城市拥有发展的资源条件。城市聚集了大量资源，如技术人员、经营管理人才、科技信息、土地、资金等，为金融、服务贸易、通信等产业的发展提供了动力。完善城镇基础设施（尤其是交通和通信等基础设施）能提供产业升级必要的公共服务支持。城市等级升高，虹吸效应增强，能吸引周边优秀资源聚集。尤其随着人才涌入城市，有关技术和资本也随之转移，为产业集聚提供了要素保障。

# 第三章　产城融合发展的模式

本章主要强调产城融合的模式，包括“点－轴”模式、同城模式、双核模式、新区模式、新城模式、龙头模式和港产城模式。

## 第一节　“点－轴”模式

### 一、“点－轴”模式理论释义

“点－轴”模式的理论基础源自于“点－轴系统”理论。我国学者陆大道基于发展轴和中心地理论的思想，创立了“点－轴系统”理论。这一理论最早是在 1984 年的全国经济地理学术研讨会上做报告时提出的，题目为《2000 年我国工业生产力布局总图的科学基础》。这是我国早期关于空间结构的理论之一。这种模式在社会经济空间的组织中发挥了重要作用，能够帮助人们合理地安排区域生产能力和城市重点发展策略。该开发系统利用在特定区域内相互组合的“点”和“轴”进行开发。

根据“点－轴系统”理论，社会经济事物之间常常彼此产生地理或空间上的相互影响，因而可能呈现出集中或分散的趋势。在区域发展过程中，经济中心往往会聚集在条件优越的少数区域，这种分布呈现出点状分布的特征。通常情况下，社会经济的关键因素会以“节点”为核心，聚集在一起。为了让生产要素协同联动，需要通过建立基础设施（如交通、通信、能源和水源通道等）来将这些节点连接起来，从而形成一个被称为“轴线”的网络。当一个点与一个轴连接起来时，它们便形成了一个“点－轴系统”结构。①

“点”是指具有辐射带动周边地区发展的关键城市和镇，也是区域发展的“引擎”。它的形成取决于三个要素：一是必须以主导产业为核心，并建立紧密关联的产业格局，以此形成与周边地区的产业高度融合的产业集群；二是指在一个方

① 陆大道．关于“点－轴”空间结构系统的形成机理分析 [J]. 地理科学，2002（1）：1–6.

面或者多个方面具有显著的优势；三是确保具备必要的基础设施条件。要使产品流、信息流、金融流、技术流等能够向周边地区扩散，就需要满足上述三个条件。当扩散的事物和概念与当地的生产力因素相互影响时，就会催生新的生产力并推动社会经济的进步。

“轴”指的是在基础设施相互连接的交通、通信、能源和水源通道上形成的一种通道，该通道连接了不同等级的中心城镇、人口和产业。由于轴线承载了许多社会经济设施，所以其具备极强的经济吸引力和凝聚力，可以影响并辐射到轴线周围的地区。这些设施将通过产品、信息、技术、人才和金融等方面的流动向周围地区传播。轴线有以下两个特征。首先，它不仅是一个产业的制造和交易中心，还是由多种资源开发、产品和劳务生产以及流通基地构成的，这些基地可能具有相似的性质，但位于不同的等级。其次，要实现这些流通基地之间的互联互通，必须将其置于水、陆、空交通干线的节点位置。换句话说，必须建立一个高效而紧密的运输网络，将这些基地联系在一起，形成一个畅通无阻的通路。因为轴线和周边地区经济实力正在迅速增长，并且具有巨大的发展潜力，所以人们称之为“发展轴线”或“开发轴线”。轴线不仅是连接城镇中心的简单线路，还是一个紧密区域，集中了许多重要的社会经济资源。

“点－轴系统”理论认为，通过确定具有潜力的轴线，再根据选择的关键点进行发展，就能实现区域全面发展。随着时间推移，我们逐渐开始将更多的注意力聚焦于那些发展相对落后的地区和城市中心，这样就使得在区域内形成了不同层次的发展中心和发展轴线。它们相互串联形成了一个有机的空间系统，从而实现了有序的发展。这个理论的主要思想是，地域空间结构的演变经历了一系列逐步进行的过程，先由“点”逐步发展为“轴”，再逐步发展为“面”。因此，在国家和区域的发展过程中，“点－轴”模式不断发展，衍生出了一些较不重要的点之间的基础设施网络，这些网络可以作为较低层次的支撑。随着时间推移，这些新的基础设施网络逐渐变得不可或缺，成为那些具有更优越的发展条件、更高的效益水平，并吸引越来越多人口和经济技术聚集的焦点。最初的基础设施建设促进了沿线人口和经济单元的增长，形成了一个广阔而繁荣的产业集聚区。如果这种趋势继续下去，就可以预见会有更高层次的发展方向出现，如第三层、第四层等。“点－轴系统”是空间结构系统的代表，其中“点”和“轴”分别代表着不同层次的经济空间。

## 二、“点－轴”空间结构系统形成的主要阶段

“点－轴”空间结构系统是社会经济空间组织的一种客观规律，它反映了

空间结构的形成过程。在任何一个地区或国家的社会经济发展过程中，都会呈现出一种“中心－边缘”结构的组织形式。然而，地理特征和社会经济发展水平的不同导致不同国家和地区建立起不同的“点－轴”空间结构系统，其规模和等级方面存在着差异。随着社会发展进程的不断推进，空间组成也出现了独具特色的演变。

在“点－轴系统”问世之前，经济社会的发展相对较为缓慢。虽然地表呈现出统一的状态，使社会经济客体的分布看起来相对有序，但这种状态缺乏组织性，不同地区之间的联系非常有限，各地的发展相对独立。“点”和“轴”与工业化的进步相伴而生。这促使该地区逐步进入有组织的状态，推动了该地区资源的开发和经济的增长。随着工业化中期经济高速增长时期的到来，“点－轴系统”框架已经稳定形成，产业结构不断变革，空间结构变化幅度也跟随着大幅增加，这促进了“点－轴”空间结构系统的发展。经过长期的自组织过程，这个系统逐渐形成，使得整个区域进入了高度有组织的状态。从整体的视角来看，当空间结构达到“均衡”状态后，尽管社会组织和经济组织高效运转，但人口和经济不再保持高速增长，这是衡量社会经济发展的重要指标①。

随着区域社会经济的进一步成长，“点－轴”模式自然而然地演进为“点－轴”集聚区，这个集聚区也可以看做是一个单独的“点”，它具有更大的规模和更强的对外引领力。

## 三、“点－轴系统”对区域发展的影响

“点－轴”模式已经在实践中被证明了是一种有效的区域开发模式。它揭示了社会经济空间组织的客观规律，也反映了区域发展过程中地理格局和地理过程之间紧密相互关系的重要性。这种模式可以促进区域的优化和发展。②

第一，通过实施和开发基于“点－轴系统”的方案，能够适应社会经济的发展趋势，满足空间集聚群体的实际需求，以充分发挥它们的集聚效应。在区域发展的起步阶段，我们应该致力于培育那些具有发展潜力的方向和关键要素，充分发挥区域地理位置的优势，以促进区域经济和社会的快速发展。当合理地确定工

① 陆大道．论区域的最佳结构与最佳发展：提出“点－轴系统”和“T”型结构以来的回顾与再分析[J]. 地理学报，2001（2）：127—135

② 陆大道．论区域的最佳结构与最佳发展：提出“点－轴系统”和“T”型结构以来的回顾与再分析[J]. 地理学报，2001（2）：127—135.

业、农业和第三产业结构，并将这些产业有机地融合在区域性基础设施中时，就会出现明显的地理集聚效应。只有运用“点－轴”式推进法，才能最大化地发挥这种效应的作用。

第二，通过建立“点－轴系统”的模型，我们可以最大限度地发挥各级中心城市的潜能。城市的主要任务是利用其所处地区的资源，包括原材料、能源、食品和人力资源等，以推动城市产业持续发展和不断扩张。城市向其附属的地区提供工业产品、信息、技术和政策，并在这些方面对其产生影响。为了推动区域发展，必须将各级核心城市视为开发的中心。

第三，采用“点－轴系统”模式，可以有效结合生产布局和线状基础设施，进而将关键要素如交通、通信、能源和水源通道与核心城镇和工业区域有机衔接，以满足项目建设的需要。确保不出现空间和时间的分离，使得它们相互关联并相互作用。

第四，运用“点－轴系统”的模式可以方便城市、地区和城乡之间的联系。因而，这会推动地区与城市协作，形成一个协调有机的经济网络，加速城乡经济融合发展。

## 第二节　同城模式

“同城化”一词最初在中国创造并被广泛使用，但目前尚无明确的定义，它有三个主要的特点。首先，它作为区域发展的策略，实施了促进区域经济一体化发展的战略。这一策略打破了城市间的行政分割主义和地方保护主义，并加强了资源共享和协作，从而提高了整个区域的经济竞争力。其次，城市之间的互动是指不同城市之间通过紧密联系的地理、经济和社会发展要素以及便捷的交通条件实现协调和统一，从而共享城镇化发展成果。最后，邻近城市间可以通过以共同利益为中心的方式，从低水平的竞争转向高水平的竞争，促进区域协调发展。同城模式需要多方面的制度、经济和社会合作与协调，以实现协同发展的目标。

### 一、同城模式的动力机制

#### （一）空间接近，交通便捷

同城模式的前提是物理空间距离近、交通方便快捷。产品的运输距离缩短会降低运输成本，并且使得生产要素、商品和服务的交易更为便利。此外，各城市之间的相互联系和影响也会增强。只有建立便于城市间快速通勤的交通网络，才能满足人们在不同城市之间出行的集中需求。我国同城化程度较高的城市中心之间一般距离不会超过50千米，尤其是像广州与佛山、深圳与香港这样的城市中心之间的直线距离仅有20千米左右。就出行时间而言，城市内的各个主体通常需要花费30分钟左右的时间乘坐城际高铁进行出行，而且大多数城市还提供公交等传统交通方式以满足通勤需求。如果同城化的城市空间距离较远，为了支持交通，就需要建造高运量的高速铁路，就像北京、天津一样。

### （二）经济发达，产业关联性强

同城模式的实施通常建立在城市经济发达程度较高的基础上，主要发生在中心城市和次中心城市之间。这些城市之间可能存在互补或相互依存的产业，彼此之间联系密切。同城模式的发展离不开经济基础的支撑，其中包括发达的社会经济和紧密的产业联系。

### （三）人文同脉，区域认同感强

在同城模式下，建立共同的认同感和归属感可以增强城市的包容性，促进同城化进程的发展。同城化在我国一般发展于具有相近文化和历史的城市之间，这些城市长期累积的人文基础为同城化提供了良好的社会土壤。以“广佛”同城化为例，该地区人与人之间的联系紧密不仅是因为地理位置相近，还是因为受到了从古至今的地缘、政治、经济和文化因素的影响，这些因素对区域认同感的形成起到了重要的作用。

## 二、同城模式的总体特征

### （一）产业结构互补

同城化的自然属性是产业结构之间的互补性。例如，广州和佛山之间有一种良好的产业合作模式，这种模式能够实现优势互补：广州和佛山的产业互为补充，形成了合作共赢的关系，而非互相对抗；广州的第三产业和佛山的制造业相辅相成、相互合作。通过这种合理的工作分配方式，不仅不会削弱产业的优势，相反地，还能够提升产业联盟的绩效。另外，这种合作方式还有助于避免因不同产业之间重叠而引起激烈竞争。

### （二）政府组织合理

在我国城市规划史上，政府扮演着至关重要的角色。政府的组织和指导具有整合和分配资源的功能，有助于促进城市群间的合作与协调，实现联合发展。例如，相较于“西咸新区”缺乏恰当的政府组织，“沈抚改革创新示范区”得到了上级政府的明确战略指导，采用了主要发展沈阳、辅之以抚顺的发展模式。这样划分城市职能和建立协作关系明确了各自的职责、提高了城市运作效率，同时也显著减少了运营成本。

## 第三节　双核模式

为了理解产城融合发展的双核模式，我们需要先了解城市中存在的双核空间结构。以下将对城市双核空间结构进行简要概述，并在此基础上介绍双核模式。

### 一、城市双核空间结构的内涵与特征

形成城市双核空间结构的原因有很多，其中包括市场自由力量和政府计划推动等多种因素。但更为重要的是政府和市场力量共同作用的结果。这种结构的发展乃是城市进一步发展的必然阶段，在缓解城市压力方面尤为有效。城市双核空间结构并非所有城市的发展模式，它是在城市发展到一定阶段时形成的一种典型模式。我们可以把城市双核空间结构看作是城市发展的一个方向或者一个阶段，并且认为这种空间结构是城市空间发展的一种独特的模式。

本书提出了对于城市双核空间结构的几个观点。第一，城市双核空间结构并非是一种必需的模式，而是在缓解城市压力和调整产业布局时，由中心城市采取的一种解决方案。该现象的形成源自市场的自发力量和政府的整体规划作用的相互融合。第二，城市双核空间结构主要建立在经济基础上，这种结构并不严格依赖于行政区域的划分。虽然在行政上双核之间有联系和区分，但城市双核空间结构真正反映的是其经济结构。第三，通常情况下，城市双核空间结构模式适用于那些当前仅具有单一中心结构的城市。第四，全域城市构建双核城市空间结构不仅需要关注双核城市之间的人口和产业转移，还需要关注周围地区的人口和经济发展。经济活动在老城区不断转移，导致周边地区出现了许多新的产业领域，推动了周边地区的经济繁荣。

城市双核空间结构具有几个特点，具体如下。

第一，结构的差异性。这是城市双核空间结构最显著的特点，其差异性体现在经济结构而非行政区划上。城市双核空间结构对经济的影响主要在于促进产业的发展，表现为产业的组成、空间分布以及发展策略等方面的不同。在城市双核空间结构中，老城区的发展基础比较成熟。因此老城区已经成为经济发展的领头羊，积累了许多产业优势。然而，城市双核空间结构模式旨在调整老城区的产业布局，打破单一中心圈层结构，优化老城区的产业架构，同时促进新城区的产业发展。在规划产业布局和进行结构调整时，需要充分考虑老城区和新城区的资源优势和发展策略，并根据环境、条件和需求进行不同的布局，利用“双核”扩散效应推动城市整体经济的发展。

第二，功能的互补性。城市双核空间结构建设的含义在于通过推动城市内部多种结构特征的发展，实现城市的双重核心建设，以达到在同一城市内形成双重中心地带的目的。这种不同的结构不仅会在经济方面反映出来，还在城市功能方面具有差异。城市的多元化发展能够协同发挥城市的各种功能，从而共同推进城市的进步。通常，人们的首要目标是在老城区进行城市功能的改善，而在新城区则致力于城市功能的建设和完善。只有通过老城区和新城区之间的相互协作，才能实现双核优势的真正发挥。这种优势可以提高城市的能力，并带动周边城市功能的建设，最终提升城市的竞争力和发展潜力。

第三，发展的阶段性。除了老城区的优化，本书所介绍的城市双核空间结构模式也适用于新城区的建设和发展。城市双核空间结构模式的发展可以划分为三个阶段：最初由一个中心掌控，后来演变为两个中心相互配合，最终呈现出两个中心相互促进、共同繁荣的状态。这是一个经历了从稳定发展到突破稳定、再到不稳定发展，最终实现了回归稳定发展的过程。随着新城区的不断壮大和发展，老城区必须提高和改善其城市功能。为了确保建设目标能够顺利实现，需要在建设过程中不断制定相应的政策措施，以应对不同阶段的需求和出现的问题。

第四，双核的共生性。在城市范围内，双核空间结构必须表现出其独有的特征。因此，我们需要确保双核城市在发展过程中，老城区的经济发展不会被削弱，且新城区的资源环境不会受到破坏，以保持双核城市的相互促进。更明确地说，就是在开始建设双核时，重新调整老城区的产业结构与引进新城区的产业使二者的产业发展能够相互协调。在双核时代，我们需要平衡老城区经济结构的优化与新城区经济发展的推进。当核心地带发展到成熟阶段时，新城区和老城区需要相互补充和协作，共同促进地区整体的进步。

## 二、城市双核空间结构与产城融合发展的双核模式

通过转变产业布局，可以调整产业用地、功能、空间形态，推动城市空间结构的改变。此外，城市空间的演变还将推动产业布局的优化，以适应不断涌现的城市功能形态。因此，调整产业分布是形成城市双核空间结构所必需的，而形成城市双核空间结构将促进产业结构的升级。城市双核空间结构和产业布局的关系具体体现在以下几个方面。

①从作用机制上看，城市双核空间结构和产业布局之间是相互影响的。为了促进城市双核空间结构的建立，在最初的阶段，政府就应通过调整产业布局来推动双核之间产业发展的差异化。此外，政府还应采取措施优化老城区的产业结构，以促进一部分产业向新城区转移。新城区通过制定政策和利用产业自身组织能力，使产业呈集聚状态，因此形成了双核空间结构。当城市双核空间结构发展到足够成熟的阶段，老城区和新城区所处的地位将逐渐稳定。这不仅有助于加强核心区域的产业聚集，还能推动周围产业的繁荣增长。因此，这两者可以相互促进、彼此协同。

②从驱动因素来看，在形成城市双核空间结构和产业布局方面，多种因素都会对其产生影响，包括经济机制、政府政策和规划，以及城市交通状况等。在计划经济时期，由于生产目标的约束，产业布局无法得到充分发展，同时城市空间结构也没有得到有效的拓展。随着市场经济时代的到来，产业布局以及城市空间结构更加依赖于自然形成的组织机制。政府在城市双核空间结构和产业布局方面的政策和规划是除了市场因素的另一个重要因素。虽然政府的管理和规划方向，以及对产业的优惠政策有一定的吸引力，能够在短期内促进人口和产业的集聚，但其影响往往是短暂的。因而，在政府规划中制定可行的产业政策是一项具有复杂性和重要性的任务。城市交通状况对于推动产业发展和优化城市空间结构有着极其重要的影响。一般来说，产业会倾向于沿着轨道交通线集聚，以节约运输成本。同时，完善的交通网络也有助于引导人口和产业的迁移，从而优化城市的空间结构。

③从发展目标上看，产城融合发展旨在通过调整产业布局和优化城市空间结构，来减缓城市的压力、提升城市经济的实力。通过产业布局的调整来实现城市空间结构规划，以便建立城市双核空间结构。在城市双核空间结构的形成过程中，采用产业布局的差异化发展策略成为一种新的实践方式。在新时代的背景下，我们可以提高城市空间结构的整体质量，方法是优化老城区的产业结构和加强新城区的产业建设。

产城融合发展需要促进产业和城市之间的密切结合，并且实现产业和城市的

相互促进，具体来说就是要推进产业发展、城市振兴并促进产城一体化发展。通常情况下，一个城市的产业特征会直接或间接地影响该城市的功能、土地使用规划、城市布局、交通导向以及风景格局等特征。因此，产业是城市的核心；而公共服务设施的完备配套、房地产的综合开发建设以及土地的多功能利用是其关键的组成部分。这将导致以下几个方面的变化：城市主要功能得到提升、空间布局得到改善、城乡融合得到促进，同时实现社会、人文和生态的和谐发展。

产城融合发展的双核模式建立在城市的两个核心区域之上。这种模式通过调整和优化产业布局来实现，这两个因素之间的联动是相互作用的，可以共同推动城市的发展。通过采取城市双核空间模式，城市内的产业将得到更好的有机协作和协同发展，从而有力地促进城市产业的繁荣。

## 第四节　新区模式

随着城镇化进程的不断加速，我国城市居民人口不断增长，并且城市规模也不断扩大。很多城市为了减轻现有城区的人口、资源、环境和交通等方面的压力，开始探索开发新的建设区域。另外，城市政府为了适应日益激烈的区域竞争、融入经济全球化的浪潮，并且加快推进城市现代化建设的步伐，也会积极探索新区开发。显然，新区的建设是当前城市空间扩张的主要途径，也是中国城镇化进程中至关重要的一步。

### 一、城市新区的概念

根据国内研究者的调查，城市新区是城市向郊区发展趋势的一种体现。它不仅有能力接纳中心城区的产业和人口，还拥有一般开发区的经济特征和城市的空间特征。这些特征如下：作为一种城市扩张的手段，旨在缓解中心城区社会、经济和生态环境的压力；大多数城市的发展是在政府有组织的干预和推动下开展的，鲜有例外地设立了一级政府或准政府机构；新区坐落在城乡融合区域，规模相当可观；新区与中心城区之间的社会、经济联系密切。

### 二、目前国内新区开发模式存在的主要问题

在国内新区建设中，有两个主要问题：一是“有产无城”，即工业新区模式；

二是“有城无产”，即居住新区模式，只是注重住宅领域的发展。

### （一）工业新区模式的弊端

工业新区的显著特点在于其专注于产业功能的发展，对居住和综合服务功能的重视程度不够。在土地的规划安排中，主要是工业用地，而居住用地和公共设施用地则较为稀缺或者根本不存在。

由于工业用地占据了大部分区域，新区的建筑密度相当低，并且缺乏人气，导致土地的浪费较严重。因此，到了晚上，这里就显得异常冷清，仿佛一座废弃的城市。一般来说，这些新区常位于城市的边缘和乡村地带，缺乏城市生活必需的公共服务设施。尽管许多人前来此处工作，但他们主要定居在老城区或农村聚居地，因此新区建设并没有明显对当地城镇化进程产生影响。

天津经济技术开发区就是一个典型的示范案例。从开发工业区的角度来看，这个区域非常出色，因为多年来它的效益一直排在全国众多开发区的前三名。然而，该模式的主要不足在于其注重工业用地的发展，导致该地区缺乏住宅土地和住宅配套设施，这会导致该地区在晚间变得人烟稀少。

### （二）居住新区模式的弊端

居住新区的规划核心是提供住宅和服务设施，并增加一定的旅游功能作为增值服务。地块规划主要依据居住和公共服务设施用途，但缺乏工业用地的产业功能。

建立这些新区的主要目的是疏解老城区过度拥挤的人口，同时也为了吸引市民居住而进行大规模的规划和建设。尽管在规划和建设方面都付出了很大的努力和投入，但实际效果往往不尽如人意。因为新区注重居住环境而不是产业发展，因此就业机会有限，许多人只是看重住宅的舒适度和房价的实惠。他们一般在早上去市区工作，晚上再回到新区休息。因此，这个新区逐渐变成了一个居住人口多但缺乏活力的城市。

上海松江新城是这类案例中的一个典型代表。松江新城最初的设想是建造一个规模适中、蕴含深厚文化底蕴的文化旅游型园林城市，为此围绕居住、教育和绿化等用途进行了详细规划，鼓励城镇规划中充分考虑这些用途，并且对工业用地进行了限制。城市的可持续发展需要产业的推动才能实现，如果没有足够的产业支持，就很难提供充足的就业机会。要使新区发展壮大，就必须建立起有效的产业带动机制，以吸引更多人的关注和投资。上海市区和松江新城之间主要靠乘坐 9 号线轨道交通联系，但由于路程遥远且时间较长，造成通勤和出行的较大不便。这种情况大大降低了市民向新区迁移的积极性。

## 三、新区的开发模式和空间布局

随着城市不断壮大，以往新城模式所产生的一系列问题日益凸显。在新区开发过程中，应该采取综合开发模式，将产业发展和城市建设相结合，从而全面促进新区的发展，而不是仅局限于某一种模式。这种模式使人们居住和工作在同一区域内，从而缩短通勤距离并提高工作效率。因此，目前国内一些新兴地区正试图采用产城融合的方式来实施这一模式。

国内新区在推行产城融合发展时，探索了不同的开发模式和空间布局结构，具体如表 3-4-1 所示。

**表 3-4-1　国内部分新区的开发模式**

| 项目 | 新区 | | |
|---|---|---|---|
| | 天府新区 | 西咸新区 | 郑东新区 |
| 基本情况 | 这是国家深入实施西部大开发战略的重要举措，是落实国务院批复的《成渝经济区区域规划》的重要载体和平台，其目标是再造一个“产业成都” | 国务院批准实施《关中－天水经济区发展规划》，为加快推进西咸一体化建设、着力打造西安国际化大都市，陕西省政府成立西咸新区 | 中原经济区成为国家战略并成为重点发展的区域，郑州市被定位为中部地区重要的中心城市，郑州的发展重点落在郑东新区上 |
| 定位 | 以现代制造业为主、高端服务业集聚、宜业宜商宜居的国际化现代新区 | 西安国际化大都市的主城功能新区和生态田园新区 | 功能完善、管理一流、经济繁荣、宜居宜业的新区，成为郑州都市区建设的先行区、首善区和示范区 |
| 规模 | 建设用地将达到 650$km^2$，规划居住用地 120$km^2$ | 规划控制范围 882$km^2$，规划建设用地 272$km^2$ | 远景概念规划范围 150$km^2$（其中起步区 33$km^2$） |
| 理念 | 山水环绕、组合布局；产城融合、三位一体；城乡统筹、生态田园 | 组团布局发展、快捷交通连接，优美小镇点缀、现代农业衬托，历史文化传承、城市特色塑造 | 生态城市、环形城市、共生城市、新陈代谢城市、地域文化城市 |

（续表）

| 项目 | 新区 | | |
|---|---|---|---|
| | 天府新区 | 西咸新区 | 郑东新区 |
| 规划重点 | ①职住平衡：功能复合、配套完善、绿色交通、布局融合；②产业社区单元“产城融合”的突破口就是激发城镇社区这一结构单元活力，把产业园区作为城镇社区加以精心打造，把城镇社区提升为“产业发展服务区”；③交通网络：以慢行交通＋常规公交＋轨道交通＋综合换乘枢纽为主导的交通模式 | ①组团布局发展：构建开敞疏朗的空间大格局，以生态廊道相间隔，设置生态控制线，限定组团增长边界，保护城市生态系统。②特色功能组团：以10万人口规模为单位，形成综合性特色功能组团。③低碳公交：以公共交通引领低碳生活方式，建设以地铁、轻轨、BRT为主导的综合公交系统，连接各功能组团和主要街区，实现居民出行500m范围即可到达公交站点。同时在区内建设自行车系统和步行慢行系统 | 功能分区，组团发展。分为5个功能区，包括中央商务区、商住物流区、龙湖区、龙子湖高校园区和科技物流园区。集生态、人文、生活和产业功能于一体 |
| 空间布局特点 | 沿轨道交通走廊布局的串珠状功能区布局 | 以综合服务区为核心、生态廊道相隔的放射状组团布局 | 以中央商务区为核心、以水系相隔的四周式组团布局 |

产城融合发展的新区模式改变了过去城市功能区域划分的观念，强调不同功能和用地的分布多样性，使住宅和商业等不同功能得以融合在一起。这种模式实现了住宅和工作场所的平衡，提高了交通出行的效率。它旨在协调发展“产业”和“城市”，采用“以产带城、以城促产”的方式促进两者建立有益的协作关系。

然而，产城融合发展的新区模式并非一成不变的，其用地和功能的复合种类也是不断变化的。在城市规划中，我们应该综合考虑不同方面的需求，如选址、规划、业态设置和空间布局等，以实现城市建设和产业发展的有机结合，并推动城市的全面可持续发展。

## 第五节　新城模式——产业新城

### 一、产业新城的概念

产业新城是一个相对较新的概念，它是新型城镇化发展过程中的产物，是推动我国高科技产业集群发展，培育和集聚高科技企业、高水平人才的摇篮。要准确地界定产业新城，就必须首先对“新城”的概念有一个清晰的认识。

关于新城，英国地理学家约翰斯顿（Johnston）所著的《人文地理学词典》将其定义为一种独立、自给自足和社会平衡的城市中心，最初规划用于疏散来自附近的集合城市的人口和就业岗位；① 英国的《简明不列颠百科全书》则将其定义为为了重新配置大城市的人口资源，使城市里的大量居民迁移到城市外围，并在那里建设工厂、商业、文化和医疗设施，形成相对独立的新社区②。从语言学的角度来讲，新城和新市镇在英文中都是“New Town”一词，仅存在翻译上的区别。新城的出现与人类工业化、城镇化进程密切相关。

根据《北京城市总体规划（2004年—2020年）》，新城是在原有卫星城基础上发展而来的规模化城市地区，其功能包括承接市区人口和功能转移、促进新的产业集聚、推动区域发展，同时还拥有相对独立的特征。新城是一种相对独立的城市空间单元，其建设旨在满足政治、经济、社会、生态、文化等多方面的需求。新城除了在区位上靠近大城市，更是综合型、独立型的城市，是完善的城市社区，而产业新城仅仅是不同类型新城中的一种。

目前，我国新城可以分为居住新城、产业新城、功能新城、向外拓展新城四类。其中，产业新城是大城市边缘区域经济发展最为迅速的地区。

产业新城与产业（工业）园区有着一定的关联。产业（工业）园区是指以促进某一产业（工业）发展为目的而创造的特殊区位，通过资源共享，克服外部负效应，促进产业集群形成，带动关联产业发展。产业（工业）园区的性质和特点决定了产业集群的最终发展方向，形成产业（工业）园区与产业集群的良性互动，是区域经济发展的重要途径。在产业集群的引导下，推进产业（工业）园区建设不仅是当前发展产业集群的需要，也是加快新型工业化进程的必然选择。产业新城是产业（工业）园区在“城镇化”升级后的产物，是产城融合发展的结果。

目前，在新型城镇化和城乡一体化背景下，以人为核心，以新城新区为载体，以“绿色、低碳、可持续”为发展要求，以调整产业结构、发展创新经济和战略性新兴产业为目标，最终实现产城融合发展的产业新城模式正成为县域经济发展的新形态。它是传统工业园区、新兴产业（工业）园区发展到一定阶段的高级形态，相对于这两者其更加注重城市功能的区分和优化，产业的更新、升级和换代，

① 约翰斯顿．人文地理学词典[M]．柴彦威，等译．北京：商务印书馆，2004.

② 中国大百科全书出版社．简明不列颠百科全书[M]．北京：中国大百科全书出版社，1985.

生态发展的可持续性，最终达到产、城、人、环境协同发展的经济发展阶段。产业新城注重充分利用新技术、新理念，发挥“以城促产、以产带城”的理念优势，合理有效地利用资源，优化城市管理和服务，减少发展过程中的“环境足迹”，促进创新和发展低碳经济，实现长远的、可持续的现代发展。我国关于产业新城的理论研究目前尚处于起步阶段，至今并未形成统一定义。但产业新城作为新城的一种聚集形式，基本解释异曲同工，多数学者强调了其在产业发展集聚的同时还应具备完善的城市功能。

通过以上内容，关于产业新城，可以做如下定义：产业新城是一种依托于市场化运作，同时还受中心城市或中心城区辐射并对其产生反向磁力的城市形态。它综合了完备的产业基础和城市服务功能，被打造成一个适合居住和发展业务的城市。产业新城的核心特点如下：①其主导因素之一在于采用了市场化运营机制；②其发展是建立在中心城市或中心城区的基础上的，但同时它也可能对中心城市或中心城区产生一定的排斥作用；③产业新城不仅需要具备良好的产业基础，还需拥有完善的城市服务设施，同时要致力于实现产业与城市的一体化发展。

以华夏幸福产业新城为例，其目标是实现产业与城市建设相互促进、相互融合的发展模式，为所在地区的经济和社会发展做出贡献，提供全面的产业升级和经济发展解决方案。产业新城结构如图 3-5-1 所示。

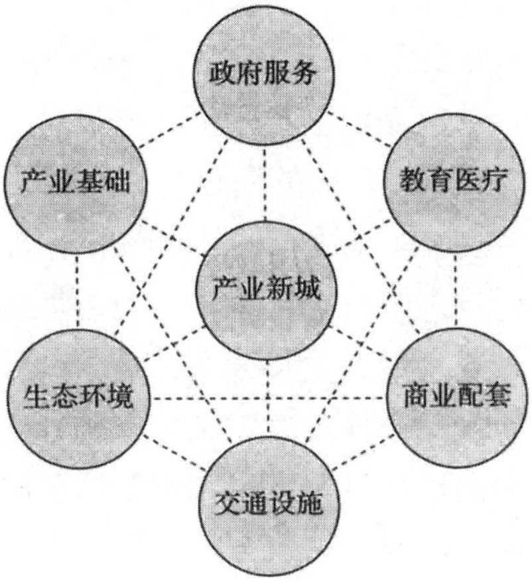


**图 3-5-1　产业新城结构**

产业新城运营商对产业新城的产生起着不可替代的作用。产业新城运营商为发展产业新城的实体企业提供了集成、专业的服务平台，以便其全面解决规划、投资、运营、管理等问题。通过对国内外具有代表性的产业新城实践案例进行研究，可以发现产业新城运营商一般具有以下显著特征：①产业新城运营商是政府与市场进行协作不可缺少的中间环节；②产业新城运营商能够引导各方势力进行多层次、多渠道的全面合作，致力于搭建服务平台；③产业新城运营商注重产业规划的前瞻性、城市发展的稳健性以及生态环境保护的可持续性。

## 二、产业新城的发展模式

政府和市场是参与产业新城形成和发展的主体，在产业新城中扮演着核心的角色。我国的产业新城发展模式可以根据主体的参与程度和性质的差异划分为三种，分别为政府主导模式、市场主导模式和政府－市场协作模式。在不同模式下，各参与主体扮演的角色会有所差别，这种差异贯穿于产业新城的开发、运营和管理等整个过程。在中国产业新城演进过程中，产业园区是部分产业新城发展的初级阶段，是我国产业新城发展模式研究中不可或缺的一部分，因此也将纳入研究范围之内。

### （一）政府主导模式

政府主导模式是以政府为主导，通过创造优惠政策、税收减免等条件来打造具有独特优势的园区或工业地产项目的一种发展模式。政府依托区域规划，通过吸引投资并引进企业进行自主建设，营造了良好的产业集聚效应。例如，政府在北京中关村、北京经济技术开发区、上海张江高科技园区、天津经济技术开发区、苏州高新技术产业开发区、武汉东湖新技术产业开发区、新加坡裕廊工业园等产业新城的开发和运营中，担任着领头人的角色。

在政府主导模式中，由政府率领协调各部门在产业新城的规划、建设、引资、运营和管理等各个阶段的行动。政府为了推动产业新城的进一步发展，采取了多项措施，包括制定有助于产业发展的支持政策、给予税收方面的优惠等，从而为产业新城创造了独一无二的优越条件，这些条件在其他园区和产业地产项目中并不具备。另外，政府还依据区域规划，采用招商引资的措施将土地划拨给相关企业，以便它们独立进行开发和建设。

政府对产业新城开发建设实施统一领导、统一规划、统一管理的措施，具体体现为政府负责制定产业新城建设的总体战略部署，协调开发建设过程中的重大决策和问题，组织征地拆迁、规划设计、基础设施和配套设施的建设等。目前，国内大部分的经济开发区、高新区等产业集聚区都以政府主导模式为主，管理委员会作为主要行政机构，承担着实现经济和社会双重目标的责任。这些目标包括推动产业招商和社会事业的运作。通常情况下，基础设施建设的主要责任方是投资开发公司。

在政府主导模式下，行政化管理主要采用政府管委会管理体制，产业新城管委会作为一级管理政府，具有政府管理职能和相关的经济管理权限。产业新城管委会为企业入驻、发展提供相关服务，如为企业提供企业设厂、工厂建设、员工招聘和企业运行等各个环节的行政管理和服务，承担着一级政府的社会管理职能。

在政府主导模式下，成立产业新城管委会是主要的行政化管理手段。新城管委会作为一级管理机构，负责承担政府的管理职责以及相关的经济管理权限。政府主导开发工业新城具有一定的优势，有力的规划控制与引领可让政府进行长远、持续的规划。通过采用经济高效的策略，产业新城可以获得大规模土地，并在土地整理和基础建设阶段应对资金方面的挑战。由于他们掌握了资源和权力，因此在招商、公信度、政策和税收等方面拥有明显的优越条件。

然而，政府主导模式也存在一定风险，如果政府在规划和制定政策时出现失误，就有可能导致产业新城的供求不平衡，从而浪费许多社会资源。尽管政府向公共事业大量注资能够改善社会基础设施条件，但这一做法很难在短期内获得投资回报，从而使政府面临更重的财政负担。此外，由于产业新城的市场化程度尚未达到足够高的水平，在发展过程中可能会出现效率不高、发展不均衡等问题。

### （二）市场主导模式

与政府主导模式不同，在市场主导模式中，以产业地产商、实体产业企业为代表的市场主体在产业新城的开发运营中扮演着更为重要的角色。因此，市场主导模式也可以细分为产业地产商主导模式和实体产业企业主导模式。其中，产业地产商会获得工业用地，进行基础设施建设，建造厂房和仓库等不同类型的房产项目。这些项目可以被租赁、转让或与其他企业进行合作以营利，从而创造相当可观的地产开发收益。实体产业企业则可以扮演领导者的角色，负责开发和建设，其借助自身在行业中的影响力，可以吸引更多企业加入园区，以此来提高整个产业链的完善程度。在这个过程中，企业可以通过出租或出售项目，以及土地出让等方式，吸引更多的企业进驻，从而促进园区的不断壮大。

市场主导模式通常采用以企业为主、政府提供优惠政策为辅的开发方式。在此情况下，政府需要制定促进城市发展的规章制度，并提供土地和其他必要的政策支持，营造良好的环境，产业新城运营等其他的事情则可以交给实力雄厚的企业。

市场主导模式中，企业的主导作用主要体现在以下方面：投资公司拥有雄厚实力，其作为城市运营服务商，与新城政府合作获取部分职能，积极协调规划、市场化管理城市运营，共同促进城市的发展；城市运营商进行了空间布局规划，其中包括区域的整体和详细的控制规划；城市运营商有自主权利选择不同的融资途径，如可选择应用应收账款质押、土地抵押融资、上市或信托等方式；城市运营商可以负责基础设施的建设，并通过出售土地等方式来赚取收益以弥补资金缺口；城市运营商的职责涵盖土地规划、开发、管理、销售等诸多方面，其中包括土地整合、公共设施建设、配套设施建造等任务。此外，政府也在其中发挥了一定作用：城市发展的目标是由政府制定和确定的，这是政府的主要职责之一；政府通过制定政策引导城市的发展方向和管理；政府进行监督与管理，避免城市运营商过于考虑短期利益而出现短视行为。

产业地产商主导模式可概括为地产商获取工业用地之后，对项目进行基础设施建设，同时介入产业新城的开发、建设、管理等各个环节，通过龙头企业招商带动产业链上下游产业集聚，并通过科技孵化等服务实现产业新城的创新发展。在这种模式下，企业也实现了从产业地产商向产业运营商的转变。亿达中国的大连软件园、美国尔湾新城等均属于这种类型。

实体产业企业主导模式（部分文献中称为大企业主导模式）是指在全产业或者某个细分产业链环节领域具有较强综合实力（如融资能力、市场开发能力、规范化管理能力等）的企业开发、入驻并引入其他企业并打造完善产业链的产业新城发展模式。早在 19 世纪中后期，美国和欧洲的许多大公司为了提高工人的生产力，就在公司附近解决其住宿问题，建成了许多公司城（镇），比较著名的有美国的铂尔曼镇（美国火车车厢大王在芝加哥南部建设）、英国的阳光港口镇（利华兄弟肥皂厂在利物浦附近建设）等。现代的典型案例包括电商巨头京东建立的京东云智慧产业园，新加坡裕廊集团旗下的子公司腾飞集团建立的新加坡科学园，美国普洛斯集团在全球建立的遍及中国、日本、美国和巴西的 117 个城市的 1081 个物流产业园。此外，许多制造企业在自身制造业的基础上建立了产业园区，以此为自己提供服务。这些公司包括 TCL 地产、格力地产、美的集团、中兴集团（中兴产业基地）、海尔集团（海尔产业园）、苏宁置业、长虹置业等。

相对于政府主导模式而言，市场主导模式具有更大的优势，因为它能更有效地利用市场竞争机制。具有实力的企业承担了城市政府的职责，成为城市的主要经营者，全权负责协调和规划产业新城，并利用市场机制推动产业新城的进步。然而，这种方法可能会削弱政府在城市建设中的主导作用，导致城市空间呈现出无序扩张和规模难以确定的趋势；另外如果政府支持力度下降，那么产业新城运营会面临一定的挑战和困难。

### （三）政府－市场协作模式

尽管政府掌握土地资源，但由于其缺乏充足的资金和实践经验，难以进行开发和运营。尽管企业具有充足的资金和运营经验，但它们缺少土地资源。因此，产业新城建设不仅需要政府在土地和税收等政策方面提供支持，还需要投资方能够跟上建设步伐，保证其具备开展工业项目的经营实力，对政府主导模式和市场主导模式进行混合的模式应运而生，即政府－市场协作模式。

这种开发模式兼具政府主导模式和市场主导模式的优点，实现了两者的平衡和协调。一般来说，在这种模式中，政府持有某公司的部分或全部股份，并由该公司的法人承担商业经营的风险和收益。政府财政拨款、出口信贷、银行贷款以及债券发行是该企业的主要资金筹集方式。由于政府的特别优待，该公司获得了其他企业所没有的经营特殊优势。它的优点如下：①防止市场出现混乱的竞争局面；②政府可以运用调节措施来达成规划目标，表达其意愿；③给予企业更大的自主决策权，可有效推动城市新区的高水平发展。随着市场化运作机制的建立和现代法律法规的完善，政府与企业之间能够实现利益共享、风险共担、全程合作。

政府和市场联手推动产业新城开发的好处在于两者的利益互补，可以提升参与者的积极性；而且合作方式非常灵活，因此更加具有灵活性。这种合作模式的优点是多方面的，有利于推动产业新城的发展。然而，这种模式也存在一些缺点，如缺乏明确的运营主体，可能会导致责任和利益的划分模糊不清、计算收入和运营成本变得更加困难。

政府－市场协作模式有开发合作和产权合作两种形式。开发合作可以理解为政企合作，双方共同参与开发项目、共同实现建设目标。在这种形式中，政府拥有土地管理权，企业则具备资金和市场化运营经验。产权合作可以再细分为两种形式：一种是由政府建立的项目公司，与其他企业组建合资企业；另一种是政府与企业联合出资，在共同组建的项目公司中投入政府拥有的土地作为股权，以此分享城市运营管理职责。

政府和社会资本合作（Public Private Partnership，PPP）模式是一种以政府为主导来实现合作共赢的方式，其核心是建立“共享利益、风险共担、合作共赢”的伙伴关系。华夏幸福是国内首家与地方政府合作开发产业新城的企业，采用了 PPP 模式，为政府和企业在采用 PPP 模式经营及管理产业新城方面提供了一个良好的实践范例。华夏幸福采用PPP模式，在产业新城的协作开发和建设运营中，以“政府主导、企业运作、合作共赢”原则为基础。在实践中，华夏幸福秉承平等、契约、诚信、共赢等合作理念，实现政府和企业各自负责并各尽其能；地方政府则占主导地位，负责制定产业新城开发建设的相关决策，包括产业规划和土地管理等方面。此外，地方政府还负责监督和管理产业新城的基础设施、公共服务质量和价格等方面。同时，政府还成立了产业新城管委会，与华夏幸福紧密合作、共同协调。作为投资开发方，华夏幸福设立了一个专用公司，该公司负责全面规划、建设、管理和提供服务，确保产业新城的顺利运营。政府与社会资本在产业新城开发建设中体现出紧密协作的精神，成了真正的战略伙伴。企业与地方政府紧密合作，在土地整理投资、基础设施、公共设施、产业招商服务以及城市运营维护等多个领域全面展开合作。双方将联合起来，协同合作、充分利用各自的优势，共同制定决策并推进落实，以获取资源并平分收益。这种合作模式独具创新性、领先性，并且具备可复制性。

产业新城的规划、开发、建设、运营、管理需要各方参与，包括政府和企业等，它是一个综合工程，必须协作完成，参与者需要在合作中协商、在博弈中合作，以实现共同获益和长期发展。“独木难成林”，因此，在建设和管理新时代产业新城时，政府和企业之间紧密的合作是非常重要的，这也给我们提出了新的挑战。研究国内外的产业新城发展模式背后的逻辑，可以发现，三种产业新城的发展模式各有其优缺点，而那些运作比较成功的产业新城案例往往与地方政府坚守契约的精神，以及企业坚持长远利益的思路、勇于开拓创新的思维是分不开的。

政府主导模式下的产业新城建设具有明确的目标和全面规划的优势，有助于形成优势产业集群。然而，这种建设方式的不足之处在于政府行政机构可能会对产业新城区的发展造成制约。此外，政府还可能面临财政资源不足和市场评估错误等方面的挑战。市场主导模式下的产业新城建设具有许多优势，如它更接近市场需求，能够更好地满足市场规律要求，有助于推动产业体系的建设。此外，这种模式也存在一些缺点，如市场的本性是无规律性和利润追求，而且缺乏统一的规划和开发机制，这导致难以有效地集中规划和节约利用土地资源。政府－市场协作模式的优势在于将政府和市场的优点进行了融合，使政府的政策能力和监管能力、企业的吸引投资能力和经营能力得到充分利用。

目前，我国中央政府和各地方政府均加大了采用PPP模式进行公共基础设施领域开发的力度，PPP模式的应用不仅有利于减轻财政负担、合理分配风险、提高公共服务的质量和效率，还有利于政企分开、政事分开，加快政府职能转变。

随着相关政策环境的进一步优化，未来 PPP 模式将会得到大范围推广。

不同模式存在差异，因此，政府、企业在选取产业新城发展模式时需要综合考虑三种模式的利弊，结合自身资金实力、资源等各个方面，充分发挥自身优势，合理规划布局，以期实现产业新城的健康、可持续发展。

## 第六节　龙头模式

培育和发展龙头企业是实施产业化经营的主要环节，是提高产业竞争力的有效手段。在龙头企业的带动下，特色鲜明的产城融合产业发展模式逐渐形成，即龙头模式。换句话说，龙头模式就是通过大力培育“龙头”骨干企业，来加快产业集聚、促进产城融合发展的一种模式，这也是目前产城融合发展的重要模式之一。比如，深圳的产城融合就做得很好，其中一部分就是龙头模式的功劳。

如今，科技创新日益重要，科技创新产业也日益受到人们的关注。

深圳的龙头企业积极承担起科技创新的责任，带领其他企业一起前进。他们通过开放创新资源和生态，与供应链上下游企业共同发展和深入合作，形成了创新生态的融合。这样的合作促进了世界一流的科技创新群体形成。

2019 年，为了促进区域战略协同发展，深港科技创新合作区启动了“腾讯云启产业计划”，该计划是由腾讯、深圳国家高技术产业创新中心和福田政府战略合作推出的。此外，他们还举办了“腾讯云全球创新大赛”，并建设了“香港高校联合实验室”和“腾讯云人工智能学院”两个发展平台。腾讯和富士康合作开发运营一体化先进工业互联网平台，旨在加快富士康工业科技能力的输出，将数字链接与实体实现有机融合。在 2022 年，腾讯与深圳市镭神智能系统有限公司、深圳创维 -RGB 电子有限公司等合作开展数字工厂项目和数字孪生项目。腾讯的开源项目在 GitHub 上的全球 Star 数每年都有显著的增长，使其成为全球开源贡献最大的科技公司之一。腾讯在国内位居开源社区贡献排行榜之首，其在多个国际顶尖开源社区皆榜上有名。在“Open JDK 全球贡献者榜单”上，2021 年腾讯排名第五，是国内贡献最多的公司。

2019 年，华为提出了将原有的“生态合作”推进为“生态协同”的新思路。这一举措包括四个关键点：主动开放生态、主动让利伙伴、主动统筹资源、主动培养人才。通过这些措施，华为与合作伙伴实现了战略协同、资源协同、能力协同，构建了协同共进的生态环境。华为从技术的强大走向了技术与生态的共享，促进了双方的共同发展。

作为智慧汽车开放生态系统建设的先驱，比亚迪致力于打造一个多元化、兼容性强的智能汽车生态系统。为此，其一直在积极吸引更多的应用软件和功能开发者加入进来。比亚迪董事长兼总裁王传福曾表示，汽车智能化的进程类似于手机智能化的变革，需要从封闭走向开放，这是不可避免的发展趋势。比亚迪将采取“开放”策略来迎接智能化时代的挑战。

在不断实现高水平科技自立自强过程中，深圳采用龙头模式，聚合众力、发挥众智，实现了与众企业的产城融合。华为、腾讯等领军企业积极推动开放创新平台的发展，成为大湾区科技产业创新的显著特征之一。随着不断发展和完善，深圳已经逐渐形成了产业和城市相互促进、共同发展的良好局面。

## 第七节　港产城模式

### 一、港产城融合发展概念和理论来源

#### （一）港产城的概念

顾名思义，“港产城”是由港口、产业和城市三要素构成的。港口即为有水陆联运设施设备，能够进行各类船舶进出的交通枢纽。产业包含第一产业、第二产业和第三产业，本书所讲产业主要是指第二产业和第三产业。城市是指具有一定的领土，且交通便利、人员密集的区域。

#### （二）港产城融合发展的内涵及特征

1. 港产城融合发展的内涵

港口、产业、城市三者之间存在着相互作用和相互依存的关系。港口作为交通运输枢纽，决定城市区位条件，可以影响城市布局和产业发展；产业是城市发展的动力，可以带动城市发展和港口开发；城市通过人类活动的集聚，可以促进产业发展并进一步带动港口发展。[①] 这三部分渐渐融合为一个整体，取得融合发展的效果。

① 沈锋．以港产城联动推动沿海工业园区发展探讨：以浙江嘉兴滨海新区为例[J]. 海洋开发与管理，2016，33（11）：23-26.

2. 港产城融合发展的特征

港产城三子系统由沿海城市内有优势且相对独立的发展因素和相互关联、动态发展的港口、产业、城市的影响因子组成，其主要包含以下几个特征。

一是整体性。港口、产业、城市是紧密联系的，通过科学的调配与作用机理，能使港产城形成系统并以螺旋式发展，最终由点到面，组成高度融合的网状结构，在实际运作中能够取得“1+1+1>3”的效果。

二是开放性。为了与外部世界建立更广泛的联系，城市积极开展运输和交通服务，加强了港口与产业的关系。港产城三子系统并非孤立存在，而是通过其开放性不断与其他系统建立多元化的联结，这种联结主要体现在港产城之间的相互联系与发展上。开放性是港产城发展的重要因素之一，为了实现港产城的可持续发展，必须建立紧密的区域合作机制，促进三子系统互联互通。通过开放性的合作，实现优势互补、协调发展。[①]

三是关联性。港产城三子系统会根据彼此的变化而做出相应的涨跌。以港口为基点，港口的发展会使产业和城市协调跟进。通过使港产城三子系统紧密关联、相互作用，可以推动沿海地区高水平发展。

### （三）港产城融合发展的理论来源

1. 区域经济学理论

区域经济学理论以“区域”为中心，探究经济发展中的理论问题和实践问题，具体包括区域经济发展、区域间经济关系以及区域经济应用工具三个方面，旨在解决区域经济发展的实现方式、各个区域经济之间有怎样的相互关系，以及如何制定具有实际效果的政策措施等问题，以确保特定区域在国内经济发展中的独特地位。20 世纪 50 年代，西方区域科学创始人艾萨德（Isard）在对区位论进行总结的基础上，出版了《区域科学导论》一书，标志着区域经济学理论的正式形成。[②]区域经济学理论对港产城协同发展的指导作用在于，其通过将区域内的各种资源集中投入于港口的发展中，使港口成为区域经济发展的核心引擎。这个引擎如同一个强大的磁场，吸引着各类城市项目和优势产业向其周边聚集。港口的这种集聚效应使得相关产业形成规模，进而产生集群效应，进一步推动区域经济的发展。这种指导作用的具体表现是，港口作为区域的核心节点，能够高效地吸引和配置

① 李世泰，宫伟程．烟台市西港区港产城一体化发展探析 [J]. 中国港口，2014（3）：32—34.

② 李光辉，高丹．区域经济学视角下的边疆经济发展浅析 [J]. 东北亚经济研究，2021，5（1）：97—110.

资源，从而推动整个区域的经济发展。同时，港口的发展也带动了周边城市和产业的发展，形成了以港口为核心、以城市和产业为支撑的协同发展模式。这种模式能够有效地提升区域的综合竞争力，实现经济、社会和环境的协调发展。

2. 产业经济学理论

产业经济学理论运用微观经济学的理论框架对企业、产业和市场之间的相互作用进行深入分析，起源于美国经济学家张伯伦（Chamberlin）的垄断竞争理论，研究对象是企业和产业，主要研究的是企业行为，即通过分析同一产业中企业之间的关系，来研究企业行为及其结果。[①]产业经济学理论对港产城融合发展的启示主要是通过发挥和扩充港口的产业优势，以港口为核心，不断吸引产业在此集聚。通过产业集聚又能获得与之相联系的资本的支持，从而形成从上游生产到下游销售的完整产业链条，这会促使港口地区产业类型增加。当产业集群正式出现后，产业生态链条也随即出现。在发展产业的同时，会进一步扩大港口的辐射带动力，从而又能带动城市快速的、大规模的发展，使港产城三子系统进一步协调发展。

3. 区域协调发展理论

区域协调发展理论是一个综合性、复合式的概念，其核心在于充分发挥各地区的优势，实现区域之间分工合理、优势互补、共同发展，同时促进生产要素在各地区之间的顺畅流动，从而形成统一、开放的全国市场，最终实现全面团结和互助合作的新型区域经济关系。其目的和核心是实现区域经济的和谐发展、经济发展水平和人民生活水平的共同提高，以及社会的共同进步。[②]区域协调发展理论对港产城协同发展的意义在于为其提供了上层的理论基础框架，以相对科学的结构范式指导长三角沿海地区港产城的协调发展与提高。

4. 耦合理论

耦合理论源自物理学，指复杂系统通过各子系统或要素相互作用与影响，促进系统由无序走向有序的过程，其决定着系统相变的特征与规律。把耦合的原理运用到港产城融合发展中来，就是通过港产城三子系统相互作用使得整体持续向前波浪式发展，继而从无序变为有序状态。

① 刘敬伟，田戊戌，王振涛．西方产业经济学的发展脉络及其启示[J]. 技术经济与管理研究，2020（1）：104–108.

② 张敦富，覃成林．中国区域经济差异与协调发展[M]. 北京：中国轻工业出版社，2001.

## 二、港产城融合发展的驱动因素及其作用机理

### （一）港产城融合发展的驱动因素

港口、产业和城市协调发展的驱动因素有很多。究其根本，主要分为内在驱动因素和外在驱动因素两种。

首先，港口、产业和城市都有自己独特的驱动因素，也有三者共同的驱动因素。内在驱动因素是促进港产城融合发展的主要因素，如港口的先天区位优势、城市的众多劳动力与土地、产业的集群和随之带来的规模效益等。港口、产业、城市自身不断进行修复完善，同时通过衍生、波及、扩散等方式影响其他子系统的发展，通过不断反馈和调节最终形成系统内的协调。[①]这样就促进了三子系统形成整体，以整体的发展带动各子系统的升级进步，最终使港产城发展水平取得理想的效果。

其次，如果只依赖于三子系统的内在驱动因素，一旦遇到突发状况，整个系统都会产生失衡，并会向畸形发展。为了使港融合发展总体趋于平衡，需要一些外在驱动因素的干预，如一些经济政策扶持、国家的监管与参与等。有了外在驱动因素的加持，港产城融合发展的动力会更足、水平会更高。综上，通过内外驱动因素的联动，港产城有了强大的支撑与驱动力，就能推动整体协调演化发展。

### （二）港产城融合发展的作用机理

首先，港口依靠其独特的地理位置和出色的交通枢纽功能，促进了各种资源和信息在不同产业和城市之间的自由交流，为产业和城市的发展注入了活力，提供了高效的运输服务，从而大大增强了竞争实力，优化了资源配置；同时港口作为一种重要的物流节点，实现了物质生产过程中各环节之间以及整个社会经济活动中各个环节之间的联系，使之形成一个完整的流通体系。其次，城市人口和空间的持续扩张为产业和港口提供了更广阔的市场空间，推动了产业升级和转型。与此同时，城市借助其具备的人才、土地资源、技术、资金，为产业发展和港口建设提供了支持。最后，凭借吸引和创造资金的能力，产业在为城市和港口提供了发展机遇的同时，通过其自身产生的巨大需求为港口和城市进一步扩建规模并向高质量发展提供了条件。

---

① 王艳利．烟台市“港产城”协调发展的评价研究[D]．杭州：浙江大学，2016．

1. 港口与产业融合发展的作用机理

港口具有海上交通枢纽的功能，对临港产业的崛起具有战略性意义。通过港口和产业的组合，可以形成规模庞大的港口产业集群。港口产业集群对区域经济发展的影响，表现为发展港口产业集群可实现港口产业的规模化并对区域经济产生带动效应。[①] 港口产业集群既能推动港口经济深化发展，又能通过其强大的辐射带动作用，促进临港产业持续动态发展。港口与产业融合发展的作用机理具体表现如下。首先，港口有先天的地理优势，它临近河海，能够使船舶停靠并进行补给，而且可以通过港口进行货物装卸搬运，降低物流费用，节约成本。其次，港口通过其强大吸引力创造更多的市场需求，这是产业赖以发展的基础。最后，港口可以促进各要素间的流动与聚集，不同要素对产业发展具有不同作用。

2. 产业与城市融合发展的作用机理

产业与城市是相互促进、共同发展的。产业与城市融合发展的作用机理主要表现在两方面。一方面，城市是各类要素的集合体，包括人口劳动力、资本、技术等，这些都是产业发展所必需的。城市间要素集群为产业的可持续发展起到了支撑作用。另一方面，产业集聚的正外部性效应是提高城市经济韧性、促进城市经济增长的重要内在动力。[②] 它会吸引资金，创造各种需求，城市在发展中若能结合自身优势，抓住产业所创造的机遇，就能使城市获取源源不断的资金、技术，使城市在发展过程中“更上一层楼”。

3. 港口与城市融合发展的作用机理

港口与城市的发展相辅相成。港口的天然区位优势带来了便利的交通，同时也使得各产业、项目在此聚集与扩散。城市因有港口而得到资源，同时城市的发展也对港口起支撑与维护作用。港口建设所需要的技术、劳动力、土地资源、政策支持与大量资金，也全部都由城市来供给。可以说，港口的发展与所在城市的发展是共生共存、互相独立又互相依附的关系。城市是港口发展的孵化地，城市经济的快速发展能够给予港口发展足够的“养分”，而港口的发展又可促进城市的繁荣与发展。[③]

---

① 吕荣胜，袁艺．港口产业集群对区域经济的带动效应[J]. 大连海事大学学报（社会科学版），2006（3）：47—50.

② 陈奕玮，吴维库．产业集聚、产业多样化与城市经济韧性关系研究[J]. 科技进步与对策，2021，38（18）：64—73.

③ 吕赟，伊冬冬，周宝刚．辽宁省沿海主要港口与所在城市经济协同发展的研究[J]. 河南科学，2022，40（3）：441—448.

## 三、港产城模式评价分析——以环渤海地区为例

港口、产业与城市三者之间的协同发展是至关重要的。城市作为人口集聚中心、交通枢纽和商业中心，为港口和产业提供了市场需求和发展空间。港口作为物流和运输的节点，连接城市和产业，为其提供了进出口、货运和能源贸易的便捷通道。产业作为城市经济的支柱，依赖于港口的运输和市场的需求，同时也为城市居民提供了就业机会。只有实现城市、港口和产业三者之间有机结合和协同发展，才能实现经济的繁荣和可持续发展。港口的发展可以带领产城的发展，产业的提升为港城的发展增加了新动力，城市的发展为港产的发展提供了平台并起到了支撑的作用。① 随着城镇化与工业化进程的发展，港口、产业、城市三者的关系也在不断变化着，城市发展动力不再单一，变得更加多元化，而港口和产业的引领作用则在淡化。当下，如何实现港产城的融合发展依旧是我们在世界经济的新挑战来临时所要研究的重要任务。港口、产业、城市三者的研究是逐步进行的，以个别的子系统为起点，如对城市空间结构的研究，还有对产业结构理论的分析，以及港口的选址等；之后逐渐演变成了对港口工业论、港口对城市经济的影响等系统间相互作用的研究；近年来，学者则更加注重对港产城融合发展的研究。港城关系的演化理论、产业与城市的融合发展以及港口周围产业集群的形成，都会影响到对港口、产业和城市融合发展的研究。

本书以环渤海地区为例，对其港产城模式进行评价分析。

### （一）环渤海地区港口、产业、城市发展现状

作为我国内陆地区经济以及社会发展重要支撑的山东港口群、辽宁港口群以及津冀港口群是环渤海地区的主要港口群，其为我国北方的发展提供了巨大的支持。其中主要的港口有大连港、天津港、秦皇岛港、烟台港、营口港这五个。大连港是东北亚散粮最大的运输中转站，是我国东北地区海上最大的客运港口。天津港是中国最大的焦炭出口港口，也是我国主要的外贸港口。秦皇岛港是一座集能源、杂货和集装箱于一体的现代化综合港口，是我国北方罕见的天然港口。烟台港是我国沿海开放的重要港口，也是我国同江至三亚沿海大通道的重要节点。营口港是沈阳经济区的唯一港口，同时也是辽宁沿海经济带上的重要港口，还是内蒙古东部地区及东北地区最近的出海港。

① 胡茹．港产城融合程度评价方法初探[J]．中国水运（下半月），2018，18（2）：36—37.

环渤海地区沿海城市分为京津冀、辽东半岛、山东半岛三大区域，这些区域中第二产业比重最大，重工业、化工业比重较大，国有经济比重较大，是以重化工为主的大型国有企业聚集和集中的区域。在我国，环渤海地区的经济结构总体上呈现出“二、三、一”的工业化格局，即以第二产业为主，其次是第三产业，最后是第一产业。环渤海地区沿海城市在2010—2019年这十年间第二产业占GDP比重在逐年下降，除秦皇岛外的其他环渤海地区沿海城市的第三产业占GDP比重在逐年上升，到2019年，天津、沧州、锦州、营口、威海、烟台的第三产业占GDP比重已经超过了第二产业占GDP比重。在环渤海地区十个沿海城市中，天津的产业发展情况最好。

关于城市发展方面，2019年，在环渤海地区沿海城市中，天津地区的建城区面积最大，城镇化水平最高；秦皇岛和沧州的城镇化水平相对较低；威海和烟台的城镇化率增长速度最快。从2010年到2019年，建城区面积增长速度最快的地区为天津和青岛；建城区面积增长速度最慢的地区为唐山和锦州。到2019年，在环渤海地区沿海城市中，天津的常住人口数量最多，营口和威海的常住人口数量最少。另外，环渤海地区沿海城市中2010—2019年常住人口数量增长最多的城市是天津和青岛。

### （二）港产城融合发展的评价指标体系及方法

1. 数据来源

本书采用的统计数据均是从2010—2019年《中国城市统计年鉴》及河北省、辽宁省、山东省、天津市与锦州、秦皇岛、唐山、沧州、青岛、威海、烟台、大连、营口等省市的统计年鉴、统计公报中获得的，部分年份缺失的统计数据利用了统计学方法进行计算和补齐。

2. 指标体系的构建

把港产城看成是一个系统，那么决定整个系统融合发展的三个子系统分别为港口、产业与城市。在综合考虑各个子系统融合发展的影响因素的基础上，需要选择能够整体反映各个子系统的综合实力、规模，以及能对整个系统融合发展进行分析的评价指标体系。本书将港口、产业与城市融合发展评价指标体系分为三个方面：港口子系统、产业子系统以及城市子系统，其中包含十九个三级指标：六个港口指标、六个产业指标七个城市指标，以此来分析环渤海地区沿海城市港产城融合发展的水平，具体评价指标体系如表3−7−1所示。

**表 3-7-1　港产城三子系统评价指标体系**

| 一级指标 | 二级指标 | 三级指标 | 单位 | 权重 | 指标方向 |
| --- | --- | --- | --- | --- | --- |
| 港口子系统 | 港口物流规模 | 货物吞吐量 | 万吨 | 10.54% | 正 |
| | | 集装箱吞吐量 | 万标箱 | 29.74% | 正 |
| | 港口基础设施 | 码头长度 | 米 | 13.02% | 正 |
| | | 泊位个数 | 个 | 14.53% | 正 |
| | | 万吨级以上泊位个数 | 个 | 12.25% | 正 |
| | 港口集疏运系统 | 单位面积通车里程 | 千米 /100 平方千米 | 19.92% | 正 |
| 产业子系统 | 产业规模 | 地区生产总值 | 亿元 | 18.02% | 正 |
| | | 规模以上工业总产值 | 亿元 | 22.92% | 正 |
| | | 外贸进出口总额 | 亿元 | 27.28% | 正 |
| | | 全社会固定资产投资 | 亿元 | 20.69% | 正 |
| | 产业结构 | 第二产业占 GDP 比重 | % | 5.95% | 正 |
| | | 第三产业占 GDP 比重 | % | 5.13% | 正 |
| 城市子系统 | 城市规模 | 建成区面积 | 平方千米 | 14.89% | 正 |
| | | 常住人口数量 | 万人 | 20.13% | 正 |
| | | 城镇化率 | % | 10.64% | 正 |
| | 城市经济 | 人均 GDP | 元 | 4.42% | 正 |
| | | 城市居民可支配收入 | 元 | 5.65% | 正 |
| | | 社会消费品零售总额 | 亿元 | 20.47% | 正 |
| | 城市生态环境 | 建成区绿化覆盖率 | % | 23.80% | 正 |

（1）港口子系统评价指标体系

港口子系统评价指标体系主要包括港口物流规模、港口基础设施和港口集疏运系统三个方面。① 其中，港口物流规模包括货物吞吐量和集装箱吞吐量这两个指标，港口基础设施包括码头长度、泊位个数以及万吨级以上泊位个数这三个指标，港口集疏运系统则包括单位面积通车里程这一个指标。②

（2）产业子系统评价指标体系

发达的产业可以支撑社会经济的发展水平，产业也是其发展的基本保障。产业的发展程度对港产城融合发展水平的影响是产业发展水平指标的重要考量。产业子系统评价指标体系主要包括产业规模及产业结构两方面。产业规模包括地区生产总值、规模以上工业总产值、外贸进出口总额、全社会固定资产投资这四个指标。产业结构包括第二产业占 GDP 比重及第三产业占 GDP 比重这两个指标。

（3）城市子系统评价指标体系

城市子系统评价指标体系主要用来考量城市的发展水平以及城市的宜居程度。城市子系统评价指标体系主要从城市规模、城市经济、城市生态环境这三个方面来进行描述。城市规模包括建成区面积、常住人口数量、城镇化率这三个指标，城市经济包括人均 GDP、城市居民可支配收入、社会消费品零售总额这三个指标，城市生态环境则包括建成区绿化覆盖率这一个指标。

3. 研究方法

（1）数据的标准化处理

为了减少原始数据的量纲和数量级带来的影响，使不同的指标在系统评价中发挥相同的作用，本书对数据进行了无量纲化处理，公式如下。

$$x_{ij}(t)=\frac{s_{ij}(t)-\min\limits_{t}\{s_{ij}(t)\}}{\max\limits_{t}\{s_{ij}(t)\}-\min\limits_{t}\{s_{ij}(t)\}}，x_{ij}\text{ 为正向指标}$$

$$x_{ij}(t)=\frac{\max\limits_{t}\{s_{ij}(t)\}-s_{ij}(t)}{\max\limits_{t}\{s_{ij}(t)\}-\min\limits_{t}\{s_{ij}(t)\}}，x_{ij}\text{ 为负向指标}$$

其中，$s_{ij}(t)$ 代表第 $i$ 个系统第 $j$ 个要素指标在第 $t$ 时期的样本值，$x_{ij}(t)$ 代表标准化后的指标，$\max\left\{s_{ij}(t)\right\}$ 和 $\min\left\{s_{ij}(t)\right\}$ 代表所取年份中最大和最小的数据。

① 王喜成，王景敏．基于 FCE 的港口物流系统评价研究：以环渤海地区主要港口为例 [J]. 中国商贸，2009（17）：111–112.

② 张可意．广东省沿海港口群与经济腹地的协调发展研究 [D]. 大连：大连海事大学，2020.

（2）熵值法赋权

本书采用熵值法对指标进行客观赋权，在对原始数据进行标准化处理的基础上，先计算第 $i$ 个指标 $x_{it}$ 在第 $t$ 时期的比值 $p_{it}$：

$$P_{it}=x_{it}/\sum_{t=1}^{T}x_{it}\quad(i=1,2,\cdots,n)$$

再计算第 $j$ 个指标的熵值 $H_j$：

$$H_j=\left(-\sum_{i=1}^{T}P_{it}\ln P_{it}\right)/\ln T\quad(i=1,2,\cdots,n)$$

然后计算第 $i$ 个指标的差异系数 $G_i$：

$$G_i=1-H_j\quad(i=1,2,\cdots,n)$$

最后计算第 $i$ 个指标权重 $W_i$：

$$W_i=G_i/\sum_{i=1}^{n}G_i\quad(i=1,2,\cdots,n)$$

（3）综合发展水平计算

综合发展水平是一种衡量系统或系统要素综合发展程度的度量指标，是一种可以反映系统整体发展水平及各子系统之间是否协调的评价指标，计算公式为

$$f(x)=\sum_{i=1}^{n}w_iX_i$$

$$g(y)=\sum_{\mathrm{j}=1}^{m}w_jY_j$$

$$h(z)=\sum_{\mathrm{k}=1}^{m}w_kZ_k$$

其中，$f(x)$、$g(y)$、$h(z)$ 分别代表港口子系统、产业子系统以及城市子系统的评价指数，$X_i(i=1,2,\cdots,n)$、$Y_j(j=1,2,\cdots,m)$、$Z_k(k=1,2,\cdots,m)$ 则分别代表港口子系统、产业子系统及城市子系统的原始数据标准化后的值①，$w_i$、$w_j$、$w_k$ 分别代表其权重。若用此函数计算的港口子系统、产业子系统、城市子系统的综合发展水平值越大，说明港口、产业、城市的发展状况越好、实力越强。

① 叶雷，焦华富，曹贤忠．港口能级与城市经济协调发展评价及对策研究：以安徽省沿江5市为例 [J]．世界地理研究，2018，27（2）：76—84．

（4）耦合度模型

耦合度模型公式为$C=3\left\{\frac{f(x)g(y)h(z)}{\left[f(x)+g(y)+h(z)\right]^{3}}\right\}^{\frac{1}{3}}$

$C$值的大小反映了三个子系统发展配合的程度——耦合度，在[0，1]取值。$C$值越小，表明子系统间的协调水平越差，协调等级越低；反之，则越高。如表3-7-2所示为耦合度类型。

**表 3-7-2　耦合度类型**

| 耦合度 $C$ 值范围 | $C=0$ | $0<C\leqslant 0.3$ | $0.3<C\leqslant 0.5$ | $0.5<C\leqslant 0.8$ | $0.8<C<1$ | $C=1$ |
|---|---|---|---|---|---|---|
| 耦合度类型 | 无序状态 | 低水平耦合 | 颉颃耦合 | 磨合耦合 | 高水平耦合 | 有序耦合 |

（5）耦合协调度模型

为了更好地分析复合系统的整体动态协调程度，引入耦合协调度模型[①]，公式为

$$T=\alpha f(x)+\beta g(y)+\gamma h(z)$$

$$D=\sqrt{C\cdot T}$$

其中，$T$代表综合协调指数，$D$代表耦合协调度，$\alpha$、$\beta$、$\gamma$分别代表港口子系统、产业子系统和城市子系统的待定系数，三个系数均大于0且相加等于1。$D$值越大，表明该地区港口、产业和城市发展水平越高，且三者的耦合协调度越高。

结合相关研究，对耦合协调度等级划分设定以下标准，如表3-7-3所示。

**表 3-7-3　耦合协调度等级划分标准**

| 耦合协调度 $D$ 值区间 | 协调等级 | 耦合协调程度 | 耦合发展阶段 |
|---|---|---|---|
| [0.0~0.1) | 1 | 极度失调 | 失调衰退期 |
| [0.1~0.2) | 2 | 严重失调 | |
| [0.2~0.3) | 3 | 中度失调 | |
| [0.3~0.4) | 4 | 轻度失调 | |

① 周艳，曹晓鑫，戴天乐．中国沿海城市“港口－临港产业－城市”协同发展的评价研究[J]．特区经济，2019（11）：56-60.

（续表）

| 耦合协调度 $D$ 值区间 | 协调等级 | 耦合协调程度 | 耦合发展阶段 |
|---|---|---|---|
| [0.4～0.5) | 5 | 濒临失调 | 低度融合期 |
| [0.5～0.6) | 6 | 勉强协调 | |
| [0.6～0.7) | 7 | 初级协调 | 发展磨合期 |
| [0.7～0.8) | 8 | 中级协调 | |
| [0.8～0.9) | 9 | 良好协调 | 高度融合期 |
| [0.9～1.0] | 10 | 优质协调 | |

（6）面板向量自回归模型

本书采用了面板向量自回归模型（PVAR 模型）进行实证分析。PVAR 模型将所有变量看作一个内在系统，并且包含全部变量的滞后项，能最大程度地反映变量间的交互关系。[①]PVAR 模型不需要对变量关系进行提前假设，而是假定所有变量都是内在变量，使数据客观地反映变量间的交互关系。[②]PVAR 模型一般形式如下：

$$Y_{it} = \gamma_0 + \sum_{j=1}^{p} \gamma_j Y_{it-j} + \alpha_i + \beta_t + \varepsilon_{it}$$

其中，$i$ 代表不同地区；$t$ 代表年份；$Y_{it}$ 包括三个列向量，分别是港产耦合协调度、产城耦合协调度和港城耦合协调度；$\gamma_0$ 代表截距项向量；$p$ 代表滞后阶数；$Y_j$ 代表滞后 $j$ 阶的参数矩阵；$a_i$ 代表个体固定效应的变量；$\beta_t$ 代表时间效应变量；$\varepsilon_{it}$ 代表随机扰动项。

① 张艾莉，王若霏．我国区域能源消费、经济增长及对外贸易动态关系研究[J]. 华东经济管理，2016，30（10）：68—74.

② 张永安，胡佩．交互效应视角下政府补助、内部资源与创新绩效关系研究：以战略性新兴产业上市企业为例[J]. 科技进步与对策，2019，36（18）：68—77.

## （三）港产城融合发展耦合关系的结果评价与比较分析

1. 港产城融合发展耦合度分析

如图 3-7-1 所示，条状图从左至右依次代表沧州、大连、锦州、秦皇岛、青岛、唐山、天津、威海、烟台、营口的港产城融合发展耦合度值。从图中可以看出，环渤海地区沿海城市港产城融合发展在 2010—2019 年的耦合度数值较高，整体处于 0.6～1 之间，耦合度类型属于磨合耦合以及高水平耦合，2019 年天津已达到有序耦合状态。具体来看，2012—2019 年，营口耦合度指数先上升后下降，然后又上升，港产城融合发展水平总体保持在磨合耦合状态。2010—2019 年沧州、大连、青岛、唐山、烟台、天津一直处于高水平耦合状态，这与环渤海地区沿海城市港口天然的地理优势、产业的结构特征（以重工业、化工业为主）、城镇化建设水平的不断提高以及国家政策的大力支持是分不开的。在这十年间，秦皇岛、威海的港产城融合发展水平的耦合类型已由磨合耦合转为高水平耦合。与其他沿海城市相比，天津市港产城融合发展水平的耦合度一直处于领先地位，天津港作为天然的大型深水良港，与其他港口相比这是最大的优势，天津港是环渤海地区最大的综合性贸易港口。

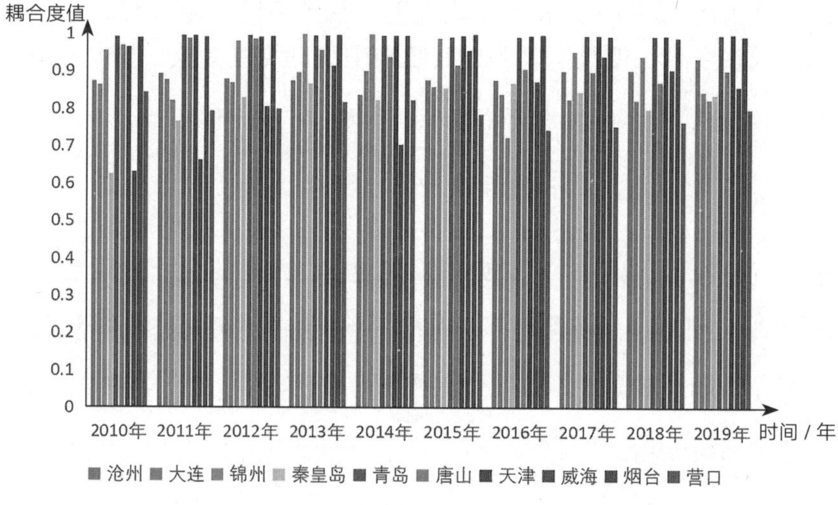


**图 3-7-1　环渤海地区沿海城市港产城融合发展耦合度值**

2. 港产城融合发展耦合协调度的结果评价与比较分析

（1）港产城融合发展的耦合协调度计算结果评价

通过建立以上模型，评价分析港口、产业、城市这三个子系统之间的耦合协调度计算结果。

如图 3-7-2 所示，在 2010—2019 年间，环渤海地区沿海城市耦合协调度总体上呈上升趋势，天津、青岛一直占据第一、第二的位置，青岛增速最快，天津则一直处于高度融合期。从提升速度上来看，天津、唐山、青岛保持着较快的发展速度，其他七个市则增速较慢。从耦合协调程度上来看，在 2016 年，天津已达到优质协调程度；沧州、秦皇岛、锦州、威海、营口在这十年间则一直处于失调状态；而唐山从 2010 年的轻度失调已经转变为 2019 年的初级协调；青岛在这十年里变化最为明显，从 2010 年的初级协调转变为 2012 年的中级协调再转为 2015 年的良好协调，到 2019 年已经达到优质协调。

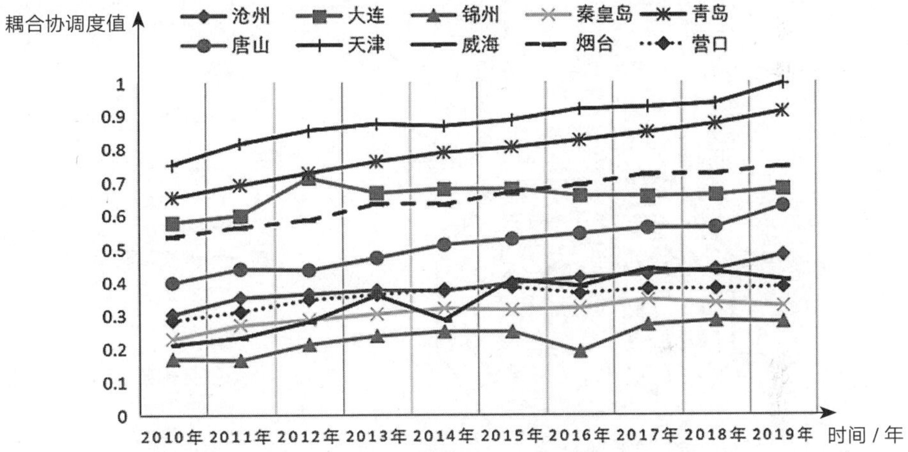


**图 3-7-2 环渤海地区沿海城市港产城融合发展耦合协调度的计算结果与变化趋势**

（2）港产城融合发展的耦合协调度纵向比较分析

如图 3-7-3 所示，从港产城融合发展耦合协调程度可以看出，在 2010-2016 年间，天津的港产城融合发展处于较高水平。2011 年，滨海新区兴建崛起，天津的经济也得到快速发展，城市的经济和临港地区产业发展也是突飞猛进。天津的耦合协调度在逐年上升并达到优质协调程度，说明天津港产城融合发展水平在持续提高。因港口的建立，秦皇岛迅速崛起，其"港大城小"局面的出现，同样是因为相较于城市发展其港口发展水平更为超前。虽然这十年来秦皇岛的耦合协调度一直处于失调的状态，但总体上仍呈上升趋势，说明秦皇岛港产城融合发展水平得到了优化升级。随着港口投入的增加，与城市产业结构的调整，加之唐山港口在资金、规模、政策等各方面的发展优势，唐山的港产城融合发展水平越来越高。沧州拥有丰富的能源资源，并且具有悠久的开发历史，这为相关产业的发展提供了有力的支撑。这些产业的发展进一步推动了城市经济水平的提升，同时也在一定程度上促进了港口在能源贸易和运输方面的发展。河北省对黄骅港的发展侧重也促进了黄骅港口对城市经济做出更多贡献，其耦合协调程度也在逐年优化。烟台市港产城融合发展的耦合协调度有着较大提高，其优势产业与港口关联度都比较高，城镇化水平也有较大提高。青岛依靠港口与海洋的发展而兴起，港口是其发展的巨大优势，这十年里青岛的港产城融合发展耦合协调程度一直处于协调状态，并不断地优化升级。大连港产城融合发展耦合协调程度虽一直处于协调状态，但在这十年里，其增长不甚明显且是曲折的。威海、营口、锦州这三市的港产城融合发展耦合协调程度一直处于失调状态，港产城融合程度较差，但总体趋势上是上升的，说明在这十年里这三市的港产城融合发展协调程度是在不断优化发展的。

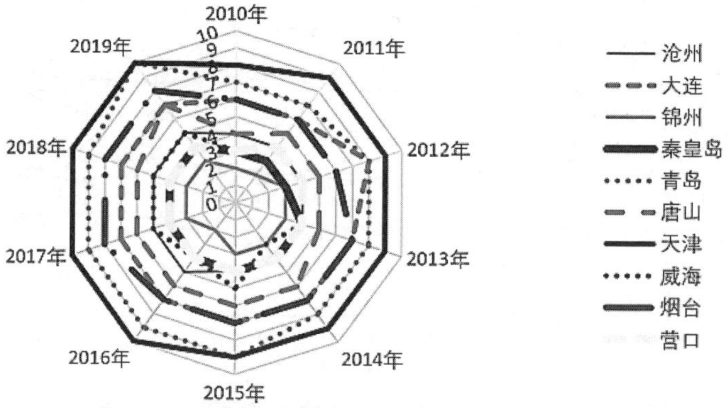


**图 3-7-3　环渤海地区沿海城市港产城融合发展耦合协调程度**

（3）港产城融合发展的耦合协调度横向比较分析

在 2010—2019 年间的环渤海地区十个沿海城市中，天津港产城融合发展耦合协调程度一直居于领先地位，长期处于高度融合期。港口是天津发展的核心战略资源，滨海新区深入推进港城间规划布局、基础设施、产业发展、资源要素协同融合；产业是港城发展的血脉，多年来，天津港稳居全球集装箱港口十强，更是带动了新区的城市繁荣与产业的兴旺。青岛、烟台、唐山港产城融合发展耦合协调度在这 10 年间总体上升速度比其他 7 个沿海城市要快，青岛由最初的初级协调转为优质协调状态，由发展磨合期转为高度融合期，烟台则实现了低度融合期向发展磨合期的转变，唐山则由轻度失调状态转向初级协调状态。锦州、营口、秦皇岛港产城融合发展耦合协调度长期处于失调衰退期。对秦皇岛港功能定位进行深入研究，加快秦皇岛港向客运和货运并举的综合贸易港转型，在东港区大力发展大宗商品保税贸易业务，海洋战略性新兴产业等，在西港大力发展旅游娱乐产业，向世界级滨海旅游城市汲取经验，努力将其建设成为国际旅游港。

**（四）基于 PVAR 模型的港产城融合发展的交互机制研究**

1. 描述性统计

如表 3-7-4 所示，港产耦合协调度（PICCD）的均值为 0.513，标准差为 0.223，最小值为 0.153，最大值为 0.995，说明环渤海地区沿海城市港产融合发展水平差异较大。产城耦合协调度（ICCCD）的均值为 0.479，标准差为 0.218，最小值为 0.146，最大值为 0.995，说明环渤海地区沿海城市产城融合发展水平相对最差。港城耦合协调度（PCCCD）的均值为 0.547，标准差为 0.228，最小值为 0.143，最大值为 0.995，说明环渤海地区沿海城市港城融合发展水平比港产、产城较好。

**表 3-7-4　描述性统计结果**

| 变量 | 观测值数量 / 个 | 均值 | 标准差 | 最小值 | 最大值 |
|---|---|---|---|---|---|
| PICCD | 300 | 0.513 | 0.223 | 0.153 | 0.995 |
| ICCCD | 300 | 0.479 | 0.218 | 0.146 | 0.995 |
| PCCCD | 300 | 0.547 | 0.228 | 0.143 | 0.995 |

2. 单位根检验

为了防止出现“伪回归”的情况，保证数据分析结果的可靠性，必须通过单位根检验来确认面板数据的平稳性。如表 3-7-5 所示，单位根检验结果说明，本研究的 3 个变量的数据均是平稳的（表 3-7-5 中，LLC 检验和 IPS 检验是单位根检验的两种方法，用于检验数据是否平稳。）

**表 3-7-5　单位根检验结果**

| 变量 | LLC 检验 | IPS 检验 | 结论 |
|---|---|---|---|
| PICCD | −3.8697<br>(0.0001) | −2.9224<br>(0.0017) | 平稳 |

（续表）

| 变量 | LLC 检验 | IPS 检验 | 结论 |
|---|---|---|---|
| ICCCD | −6.2066<br>(0.0000) | −1.7154<br>(0.0431) | 平稳 |
| PCCCD | −25.7926<br>(0.0000) | −2.1166<br>(0.0171) | 平稳 |

3. 协整检验

为进一步考察变量间是否存在长期均衡关系，对数据进行协整检验，检验结果如表 3−7−6 所示。从表 3−7−6 中可以看出，*P* 值小于 0.01，故可在 1% 水平下强烈拒绝“不存在协整关系”的原假设，说明各变量之间存在协整关系，且有确定性趋势。①

**表 3-7-6　协整检验结果**

| 原假设 | 不协整 | |
|---|---|---|
| 趋势假设 | 无确定性 | |
| ADF 检验 | t 统计量<br>4.6466 | *P* 值<br>0.0000 |

4. 最优滞后阶数检验

为保证 PVAR 模型参数估计的有效性，应确定 PVAR 模型的最优滞后阶数。本书根据最小化信息量准则（AIC）、贝叶斯信息准则（BIC）及汉南－奎因信息准则（HQIC），选择其最小值所在的滞后阶数。② 由表 3−7−7 检验结果可知，在 AIC、BIC、HQIC 准则下最优滞后阶数均表现为 4 阶，因此选取 4 阶作为 PVAR 模型的最优滞后阶数。

**表 3-7-7　最优滞后阶数的确定**

| 滞后阶数 Lag | AIC | BIC | HQIC |
|---|---|---|---|
| 1 | −9.58281 | −8.42157 | −9.11724 |

① 杜军，鄢波．基于 PVAR 模型的我国海洋经济高质量发展的动力因素研究 [J]. 中国海洋大学学报（社会科学版），2021（4）：46−58.

② 黄成昆，廖嘉玮，储德平．新型城镇化下旅游产城融合的交互机理及驱动因素：以长三角地区为例 [J]. 资源开发与市场，2021，37（5）：612−619.

（续表）

| 滞后阶数 Lag | AIC | BIC | HQIC |
|---|---|---|---|
| 2 | −11.6161 | −10.0742 | −11.0036 |
| 3 | −12.2668 | −10.2772 | −11.4886 |
| 4 | −13.3455 | −10.8216 | −12.3844 |
| 5 | 13.2034 | 16.37 | 14.3483 |

5.GMM 估计

采用系统广义矩估计（GMM）法，可知港产耦合协调度、产城耦合协调度、港城耦合协调度三个变量之间存在显著的双向动态关系，各变量滞后一期值对其余变量均有影响，证明变量之间存在动态双向影响关系①，回归结果如表 3-7-8 所示。

**表 3-7-8　GMM 估计结果**

| 变量 | PICCD | ICCCD | PCCCD |
|---|---|---|---|
| | z_GMM | z_GMM | z_GMM |
| L1.PICCD | 0.67 | −0.29 | 0.22 |
| L1.ICCCD | 0.05 | 0.64 | −0.87 |
| L1.PCCCD | −0.52 | 0.50 | 1.08 |
| L2.PICCD | 0.42 | −0.22 | 1.82 |
| L2.ICCCD | −0.75 | 0.17 | −1.66 |
| L2.PCCCD | 1.99 | 0.89 | 2.23 |

① 刘凤，刘英恒太．生态效率、农业机械化与农业经济发展：基于 PVAR 模型的动态研究 [J]. 农业经济与管理，2020（6）：43—54.

（续表）

| 变量 | PICCD | ICCCD | PCCCD |
|---|---|---|---|
| | z_GMM | z_GMM | z_GMM |
| L3.PICCD | 0.77 | 0.34 | −0.43 |
| L3.ICCCD | −0.75 | −1.36 | −1.63 |
| L3.PCCCD | 0.62 | 1.65 | 2.65 |
| L4.PICCD | −0.23 | 0.33 | −0.28 |
| L4.ICCCD | 1.65 | 1.78 | 2.31 |
| L4.PCCCD | −1.73 | −1.82 | −1.93 |

6. 脉冲响应分析

为了能够更清晰地描绘港产耦合协调度、产城耦合协调度及港城耦合协调度之间的作用关系，本书利用脉冲响应函数对变量给予一个期限为 5 期的标准差冲击，结果如图 3–7–4 所示。

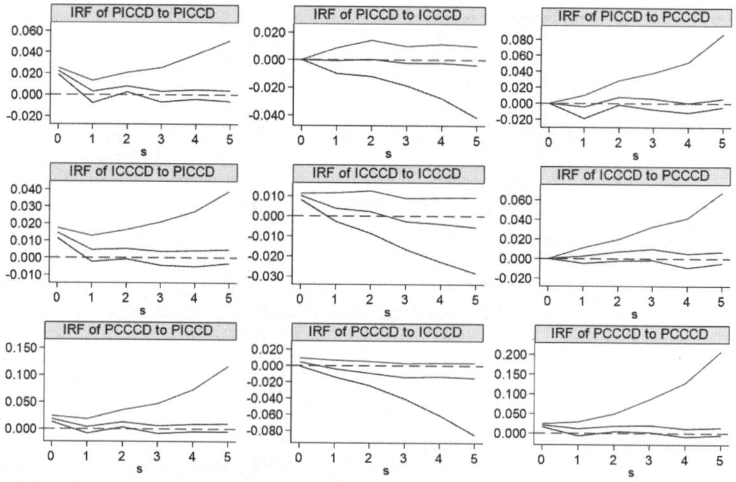


蒙特卡罗模拟 200 次产生的每侧误差为 5%

**图 3-7-4 脉冲响应分析图**

①对于来自港产耦合协调度的冲击，其本身一直处于正向反应，说明其自我

增强效应良好。而产城耦合协调度则由正向反应转变为负向反应并有下降趋势，说明在短期内港产的融合发展对产城融合发展有促进作用，而长期则不利于其融合发展。港城耦合协调度的反应时而为正、时而为负，不断波动，说明港产融合发展对其有时会起到促进作用，但更多依赖自身的发展。

②在面对来自产城耦合协调度的冲击时，港产耦合协调度和港城耦合协调度一直处于正向反应，说明港产及港城的融合发展，对于产城的融合发展起到积极的作用。产城耦合协调度在面对自身的冲击时，前两期为正向反应，后三期则转为负向反应，说明在短期发展状态下，自身的融合发展水平起到了促进作用。

③当港城耦合协调度作为响应变量时，港产耦合协调度及其本身一直处于正向反应。说明无论是在短期还是在长期的发展状态下，港城的融合发展都在起着良好的促进作用。当面对港城耦合协调度的冲击时，产城耦合协调度则变为负向反应，没有形成良性互动，产城的融合发展需得到进一步重视。

7. *方差分解*

通过方差分解可以得到冲击反应对变量波动的贡献度①，计算结果如表 3-7-9 所示。

**表 3-7-9　方差分解结果**

| 变量 | S | PICCD | ICCCD | PCCCD |
|---|---|---|---|---|
| PICCD | 10.000 | 0.753 | 0.057 | 0.190 |
| ICCCD | 10.000 | 0.391 | 0.290 | 0.319 |
| PCCCD | 10.000 | 0.212 | 0.299 | 0.489 |
| PICCD | 20.000 | 0.747 | 0.063 | 0.190 |
| ICCCD | 20.000 | 0.383 | 0.304 | 0.314 |
| PCCCD | 20.000 | 0.211 | 0.308 | 0.480 |
| PICCD | 30.000 | 0.747 | 0.063 | 0.190 |

① 云梦丽．科技创新、产业结构优化与经济增长的动态交互效应研究[J]．当代经济，2019(8)：26—29.

（续表）

| 变量 | S | PICCD | ICCCD | PCCCD |
|---|---|---|---|---|
| ICCCD | 30.000 | 0.382 | 0.304 | 0.314 |
| PCCCD | 30.000 | 0.211 | 0.308 | 0.480 |

结果表明，港产耦合协调度和产城耦合协调度的方差贡献率在全时段都主要依赖港产耦合协调度的贡献，但随着期数的增加，港产耦合协调度的方差贡献率会逐渐减弱；港城耦合协调度的方差贡献率主要依赖于自身的发展惯性，但随着期数的增加而不断减弱。

在港产耦合协调度的方差贡献率中，产城耦合协调度对其影响最小，但随着期数的增加，也在随着增加的是产城耦合协调度的方差贡献率，而一直保持不变的是港城耦合协调度的方差贡献率，港产耦合协调度的方差贡献率主要依赖于自身的发展惯性。在产城耦合协调度的方差贡献率中，港产耦合协调度的贡献最大，但三者对其影响差别不大，并且随着期数增加，其自身的方差贡献率在不断地增加，而港产耦合协调度及港城耦合协调度对其的影响在减弱。在港城耦合协调度的方差贡献率中主要依赖于自身的发展，但随着期数的增加，其影响在不断减弱，而产城耦合协调度的方差贡献率却在不断增加，港产耦合协调度对其影响相对较小，且变化不甚明显。

8．格兰杰因果关系检验

为检验各变量间的因果关系，对港产耦合协调度、产城耦合协调度和港城耦合协调度这三个变量进行格兰杰因果关系检验，格兰杰因果关系检验的原假设是该变量不是被解释变量的格兰杰原因。[①] 根据计算得到的 $P$ 值小于 0.1 则拒绝原假设，说明该变量是被解释变量的格兰杰原因。检验结果如表 3-7-10 所示：

**表 3-7-10　格兰杰因果关系检验结果**

| 原假设 | 卡方检验值 | $P$ 值 | 结果 |
|---|---|---|---|
| ICCCD 不是 PICCD 的格兰杰原因 | 16.498 | 0.002 | 拒绝 |

① 张建军，赵启兰，刘桂艳．区域物流能力与区域经济发展耦合互动机理研究[J]．数学的实践与认识，2019，49（12）：50—60．

（续表）

| 原假设 | 卡方检验值 | *P* 值 | 结果 |
|---|---|---|---|
| PCCCD 不是 PICCD 的格兰杰原因 | 5.5762 | 0.233 | 接受 |
| PICCD 不是 ICCCD 的格兰杰原因 | 5.9056 | 0.206 | 接受 |
| PCCCD 不是 ICCCD 的格兰杰原因 | 8.7032 | 0.069 | 拒绝 |
| PICCD 不是 PCCCD 的格兰杰原因 | 0.23288 | 0.994 | 接受 |
| ICCCD 不是 PCCCD 的格兰杰原因 | 7.342 | 0.119 | 接受 |

如表 3-7-10 所示，产城耦合协调度是港产耦合协调度的格兰杰原因，而港城耦合协调度不是港产耦合协调度的格兰杰原因，说明产城融合发展水平的提高可以促进港产融合发展。港产耦合协调度不是产城耦合协调度的格兰杰原因，港城耦合协调度是产城耦合协调度的格兰杰原因，说明促进港城融合发展有利于产城融合发展。港产耦合协调度和产城耦合协调度都不是港城的格兰杰原因，说明港城融合发展需要自身融合发展水平的提高。

### （五）港产城融合发展的结论与建议

1. 研究结论

本书以环渤海地区沿海的十个城市为研究区域，利用熵值法和耦合协调度模型对环渤海地区沿海城市港产城融合发展进行了评价分析，并利用 RVAR 模型对环渤海地区沿海城市港产耦合协调度、产城耦合协调度、港城耦合协调度之间的交互关系进行了研究分析。研究结果如下：通过耦合协调度分析发现，在港产城融合发展度上，环渤海地区沿海城市在 2010—2019 年一直呈现上升的趋势，融合发展水平不断提高，天津、青岛的港产城耦合协调度更是达到优质协调程度。沧州、锦州、威海、秦皇岛、营口的港产城耦合协调度虽然仍处于失调的状态，但总体上是呈上升趋势的。大连、烟台的港产城耦合协调度在这十年间一直处于协调状态，但进步较小。唐山的港产城耦合协调度则从 2010 年的轻度失调转变为 2019 年的初级协调，港产城实现了更加融合的发展。通过 RVAR 模型研究分析，从交互机制上来看，环渤海地区沿海城市港城耦合协调度、产城耦合协调度、港产耦合协调度这三要素之间会相互影响。促进环渤海地区沿海城市港产城融合发展可以使港口的连接作用得到充分的发挥，同时可以激发产业活力，推动城市经济的发展。环渤海地区沿海城市港产城融合发展水平还有较大的提升空间。

2. 对策建议

为了进一步促进环渤海地区沿海城市港产城融合发展，首先，要提高港口、产业、城市的发展水平；其次，应优化协调港产城的内部系统，使其能够协同创新、共同发展。①

（1）提高港口建设水平

随着经济发展水平提高，我们应对港口的功能科学定位，积极发挥港口在贸易往来、货物运输、集装箱中转等方面的作用，促进港口持续健康发展。可以提高港口的行业技术水平，促进其信息化发展；引进外资，充分利用一切可利用的资源，加大港口建设力度；引进先进的管理技术及经验，聘请专业素质人才，优化港口运营模式，为顾客提供信息化服务。

（2）提高产业发展水平

产业在港产城融合发展中起到核心与纽带的作用，为提升产业竞争力，需加快临港产业园区的建设，实施创新驱动。加速产业链向中高端的转型，重点发展有优势的行业和项目，并延伸产业链，带动上下游企业的集聚；加快升级企业的创新技术，引进创新型技术人才，为企业增添新活力；提高港口物流产业的技术水平，使其集仓储、包装、配送、加工、信息服务于一体。

（3）加快城市基础设施建设

加快城市基础设施的建设，提升城市的基础设施整体水平，加大对公共交通设施的投入，为人们提供就业保障，放宽城镇落户条件。加大城市公园、绿地建设力度，注重生态保护。制定人才引进优惠政策，引进现代科研人才，鼓励其进行科技研发与应用，为技术创新提供保障，增强城市的核心竞争力。

（4）优化港产城内部系统协调

首先，我们要保证港口子系统、城市子系统、产业子系统能够实现融合发展，这需要政府各部门之间相互协调，做出科学规划与统筹。其次，我们提升公共设施建设水平，为港产城的发展打下良好的基础。再次，要在利用各环节共享信息、提高效率的同时，降低其成本。最后，要促进港产城的协同创新，加快企业人才队伍的建设，加强创新成果的转化并努力向其他子系统扩散，牵引其他系统的转型升级。

---

① 王艳利．烟台市“港产城”协调发展的评价研究[D]. 杭州：浙江大学，2016.

# 第四章　产城融合发展的空间规划与统筹

本章主要讲述产城融合发展的空间规划与统筹，从三个方面进行讲述，分别是产城融合视角下产业园区空间规划布局、产城融合视角下产业新城空间规划布局、产城融合视角下城市空间发展。

## 第一节　产城融合视角下产业园区空间规划布局

### 一、产城融合理念下产业园区空间布局思路

在探讨产业园区发展的问题时，我们需要先关注其所处的环境。我国早期产业园区的兴起，主要受到经济发展初级阶段和功能主义思潮的共同影响。在经济发展粗放阶段，推动经济增长是当时的首要任务。为了集中资源、提高效率和推动产业升级，产业园区作为一种集约化发展模式开始兴起。然而，随着社会经济的进一步发展和城镇化进程的加速，传统的产业园区也暴露出一些问题。集中式的产业园区布局导致了交通拥堵、资源浪费等问题，功能分离也限制了不同产业之间的协同发展和创新能力提升。因此，产业园区的发展也需要随着时代的进步进行转变。在产城融合的理念下，产业园区应更加注重区位选择转变和空间关系转变。产业园区与城市的协同发展和可持续性成为一个非常重要的考虑因素。相关产业和协同产业的相互融合对于推动产业持续进步和更好地满足社会需求至关重要。只有使二者相互融合，才能推动产业持续进步，更好地满足社会的需求。当前的产业园区发展趋势是将人本主义理念融入空间布局与设计中，实现产业园区与城市其他功能的有机融合，增强工作环境的舒适性与便利性，促进产业与城市的共同发展。这种转变不仅符合城市可持续发展的要求，还体现了对人文关怀的重视，为产业园区的未来发展指明了方向。

#### （一）区位选择转变

产业园区和主城区的位置关系在城市发展中至关重要，不仅影响着产业园区

内产业的发展模式，还与城市发展战略息息相关。从城市空间发展的进程来看，产业园区和主城区的位置关系对于城市的空间结构和功能布局产生了深远影响。同时，随着城市的发展阶段改变，产业园区与城市空间的关系也会发生变化。

在过去，我们通常选择城市郊区作为城市新区和产业园区的地址，主要是因为相比于城市中心地区，城市郊区的土地成本往往较低，这使得在郊区建设产业园区的成本更加可控；同时随着城市人口的增加和经济的发展，城市需要更多的用地来满足居住、商业和产业的需求，郊区相对较为充足的土地资源可以满足这种扩张需求。然而，随着中国城镇化水平的提高，城市郊区发展也面临一些挑战。城市郊区在城市发展中往往得到的资源较少，公共服务设施和基础设施建设不够完善，这降低了产业园区内就业人员的生活质量。由于城市郊区往往缺乏便捷的公共交通系统，产业园区与城市中心之间的交通问题成为其发展的瓶颈。同时，城市郊区的产业结构相对单一，缺乏与城市中心地区的产业协同，导致产业园区与城市经济的融合度不高，影响了整体经济效益。

如今，产业园区通常聚焦于生产要素的集聚，在选址时通常会考虑与城市中心区域保持适当距离，并接近主要交通干道。在当前产城融合的发展趋势下，产业园区正致力于积极推动产业、城市和社区之间的协调发展。为此，产业园区不仅应具备鲜明的产业特色，还需要融入城市的生活元素，从而打造出一个充满活力、宜居宜业的园区环境。在产城融合理念下，产业园区不仅致力于促进产业发展，还注重城市的整体建设，主要目标是以城市空间为核心，将工作和生活紧密结合起来。与郊区普遍的单一产业发展模式不同，产业园区作为城市区域的一部分，致力于打造一个人、产、城和谐共荣的城市生活空间。

### （二）空间关系转变

随着城镇化进程的加速，传统的企业发展模式已经不能适应城市生活与空间变化。因此，产城融合模式成为城市生活的重要组成部分之一，并逐渐取代传统的以机关大院为代表的模式。产城融合引导的产业园区注重园区中人的需求、特征和行为习惯，力求打造适应这些社会特征的工作环境和生活环境。随着社会的发展，我国的经济结构正在经历转型和升级。当前，以信息和创新为中心的知识密集型产业正在蓬勃兴起，并成为我国经济发展不可或缺的重要支柱。

在产业园区中，产业空间不仅是传统意义上的工作场所，还是一个适应不断变化的社会和经济环境且充满活力和多样性的地方。通过提供多元的社会活动，此类产业空间可以吸引各种不同背景和领域的人才聚集在这里。这些高素质的人才不仅带来了他们的专业技能和知识，还为社区注入了新的创意和想法，进一步促进了城市和产业的发展，实现了产城融合发展的良性循环。

科学合理的产业园区空间布局和交通组织能够极大地提高人们的工作便利程度和生活便利程度，为从业人员和居民带来更多的幸福感。这种布局和组织能够使人们更加方便地到达工作地点，减少通勤时间和交通压力，从而有更多的时间和精力享受生活。同时，合理的空间布局和交通组织还可以提高工作效率，让人们更加高效地完成工作任务。产业园区公共空间和生态景观的构造对于提升居民的生活品质和缓解都市所带来的压力也具有积极作用。公共空间可以为居民提供社交、娱乐和休闲的场所，增强社区凝聚力和居民之间的互动。生态景观则可以改善空气质量、减少噪声污染、缓解视觉疲劳，为居民带来更加舒适的生活环境。同时，这些公共空间和生态景观也可以成为城市中的绿色肺腑，为城市生态系统做出贡献，使城市更加宜居。产业园区内拥有一种特殊文化氛围，这种氛围有助于促进企业之间以及个人之间的交流与互动。这些互动不仅让产业园区内的居民感到更加亲近和温馨，还有助于增强产业园区从业人员的归属感。这种归属感源于产业园区内的文化氛围，让人们感到自己属于这个集体的一部分，从而激发了人们的积极性和创造力。

## 二、产城融合理念下产业园区空间布局细致分析

### （一）产业园与主城区空间融合

1. 整体空间融合

城市主城区和产业园共同构成了城市区域经济共同体。它们在交通体系、设施布局、发展建设等方面紧密联系。在规划和设计产业园区时，应该综合考虑其内部的所有要素，并重视园区与城市的关系及其作用机制。为了促进产业园和主城区实现双方的互动融合和共同发展，必须进行城市或区域层面的统筹规划和协调，包括空间组织、交通体系和设施配套等方面。

（1）推动多规合一，实现整体规划

许多产业园区规划缺乏统一性和协调性，不符合城市总体规划的要求，有的规划编制思路和技术手段也与城市总体规划不一致。在新时代的国土空间规划中，我们将主体功能区规划、土地利用规划和城乡规划等有机融合起来，呈现为一张统一的图表，实现多个规划之间的协调和一体化，解决了以往各种规划体系之间缺乏衔接、内容冲突等问题。在产业园区规划中应当进行具备前瞻性和综合性的

思考。城市的发展和园区的成长是一个动态变化的过程，二者都经历了一个阶段性的发展，这意味着不同的问题会随之出现。因此，要时刻关注城市和产业园区的发展动态，及时调整和优化规划方案，以适应不断变化的环境。同时，要注重与城市规划、土地利用规划等相关规划的协调与衔接，确保规划方案的科学性和可实施性。为了实现这一目标，要对城市和区域的社会、经济、环境等多方面进行深入调研，了解它们的历史、现状和未来发展趋势。在此基础上，要运用先进的预测方法和分析方法，对未来的变化趋势进行预测和评估，从而制订出具有可行性和可操作性的规划方案。

在进行国土空间规划时，编制产业园区规划是一个至关重要的任务，需要将产业园区规划纳入城市国土空间总体规划之中。这个过程需要充分考虑城市的整体发展目标和未来愿景，同时从城市甚至区域的综合角度出发，对产业园区进行全面规划。为了确保产业园区规划的合理性和可行性，要深入研究和理解城市国土空间总体规划的相关要求和标准，结合当地的自然环境、资源禀赋、产业发展趋势等因素，制订出符合实际情况的产业园规划方案。这个方案需要充分体现产业园区的特点和优势，同时与城市的发展战略和未来愿景相一致，为城市的可持续发展做出积极贡献。在规划过程中，我们要注重产业选择和空间布局的合理性。产业选择需要充分考虑当地的产业基础和市场前景，选择具有发展潜力和竞争优势的产业作为主导产业，同时注重产业之间的协同发展和良性互动。空间布局则需要根据产业园区的地形地貌、资源条件等因素，合理划分功能区域，优化交通组织，提高产业园区的整体形象和宜居性。

（2）加强交通联系，完善交通体系

城市交通是城市基础设施建设的重要内容，也是实现城市经济和社会发展的重要保障。在产业园区与城市融合发展中，必须优先考虑建立起与主城区快速联通的交通网络，以实现各种资源，包括物流、信息和人才等的快速流动。产业园区与主城区和其他区域之间的交通主要包含城市内部交通和城市对外交通两个层面。城市对外交通主要涵盖高速公路、铁路以及快速道路等。

（3）完善配套设施，促进联动发展

产业园区发展蓬勃的关键在于加强基础设施建设水平、实现联动发展，因为高质量的基础设施是产业园区可持续发展的必要条件。为了实现此目的，产业园区在进行基础设施建设时，应全面考虑产业园区内外的共同需求，促进产业园区与周边城区的协同发展。在产业园区建设的初期阶段，由于规模和资金等条件限制，首要考虑的建设对象是产业园区必不可少的基础设施，而一些配套设施则需依附于主城区。随着产业园区经济的发展和规模的扩大，产业园区逐渐建立完善的基础设施和公共服务设施体系，并对周边地区甚至主城区提供支持和帮助。因此，在建设产业园区时，应定期评估产业园区的发展阶段并推动配套设施的动态补充和完善，同时促进主城区和产业园区的互补联动发展。

2. 边界空间融合

边界空间是一种可渗透的屏障，代表了不同功能区域之间的界限，这种界限可以是物理形态的，也可以是象征性的。在城市设计中，边界空间被视为一种重要的元素，能够提供视觉上的连接和认知，同时也可以促进不同功能区域之间的互动和交流。在城市与产业园区之间，存在一片边界空间，这片空间表现出了功能分布与人口密度的差异性，为城市赋予了多样性与复杂性。工业区、居住区、商业区等不同功能区的存在，以及不同的土地使用性质、人口密度等因素，使得城市空间在多样性上具有显著的特点。这种差异性亦体现了城市的组织结构、社会现象和空间格局。同时，城市与产业园区之间的边界空间为交流与合作创造了机会，其渗透性特质使得城市与产业园区相互协作，共享资源、知识与创新成果。合理规划和设计边界空间可以打破功能区域之间的隔离，对城市的可持续发展起到积极的推动作用。

城市和产业园区的空间格局会直接影响到边界空间的形态表现，有些表现可能是简洁明了的，有些可能会更加复杂、曲折。这一切都由它们的空间布局和逻辑秩序所决定。产城融合是指城市和产业园区之间相互作用的一种模式，其核心在于促进产业空间与各城市空间的联系和互动。因此，为实现产城融合，边界空间的融合是必不可少的，其融合方式可以归为三类：边界空间的柔化、边界空间的虚化以及边界空间的异化。

### （二）产业园区内部空间融合

1. 用地功能混合

在产业园区中，用地主要包括工业用地、基础设施用地和居住用地等不同类型。相比之下，传统的产业园区则更加专注于工业用地，而其他类型的用地则相对较少。产业单位面积产值远远高于传统产业，导致从业人员对于提高生活质量的需求更加多样化。因此，在规划产业园区时，需要增加更多的居住用地和基础设施用地来满足需求；需要增强产业园区空间的灵活性，以及增强用地的兼容性，适度推进功能混合，从而促进产业园区空间的有机发展。在产城融合理念下，产业园区功能布局需要注意以下三个方面。

首先，产业园区和城市空间紧密依存，因此，规划应强化产业园区与城市之间的联系，避免隔离。物质空间布局可使不同功能用地共存，提高园区运转效率。产业园区可引领协同发展，推动城市增长。同时，整合产业园区与城市边界可消除功能分区界限，实现城市有机整合。

其次，为了提高土地和空间的利用效率，产业园区功能布局应该采用功能混合布局。具体做法如下：将产业用地和生活用地进行混合布局；在产业用地内进行合理规划，将住宅、商业、文化和娱乐等用途的土地布置在恰当的位置，以创造出多样化的产业园区空间布局模式，合理的用地布局能够为产业园区带来新的活力。

最后，产业园区的空间要素之间的组织和布局是实现产业园区与城市空间融合的重要因素。采用混合布局是改善园区空间环境质量和提高运行效率的重要手段。产业园区空间要素包括产业空间、居住空间和服务空间，它们在产业园区空间中相应地被划分为产业用地（一般用 M 表示，某些地区可能会特别规定高新技术产业的用地代码）、居住用地（一般用 R 表示）以及公共服务设施用地（一般用 B 表示）。

2. 配套设施契合

产业园区需要有符合产业特点的设施作为配套。下面将以高新技术产业为例，讲述产业园区内的配套设施。

由于高新技术产业园区的特殊属性，园区需要具备多种外向型功能。除此之外，高新技术产业园区还需要设立多元化的产业设施配套。另外，要进行高新技术的研发，需要投入大量时间，并且需要保持思维的连贯性。高新技术研发不受场所和空间的限制，工作人员常常白天休息晚上工作。因此，需要提供持续的生活服务，以丰富和完善生活配套设施，提高工作人员的生活便利程度。

为适应高新技术产业的活动特点和相关需求，在国内外成功的高新技术产业园区建设中，通常会把配套设施分为两个主要类别：产业配套设施和生活配套设施。

（1）产业配套设施

①科研支撑。高新技术产业园区为园区内的企业提供完善的科研支撑，不仅提供各类园区硬件设施，还有专业的技术支撑和咨询服务。科研空间也是创新空间形态不可或缺的一部分，主要表现形式有科研机构、研发中心、信息中心、数据中心等。虽然它们在园区内所占比例不高，但是对于深化和发展产城融合来说起着至关重要的作用，通常担负着整个产业园区的技术服务责任。根

据产业园区的产业类型和定位，科研支撑设施应该进行合理的布局，与其他生产研发空间邻近布置，以取得最佳效益。

②商务支撑。在产业园区内构建商务支撑体系，可以缩短企业办理业务所需的时间和流程，提高企业的工作效率。商务支撑体系包含三个方面：商务设施、中介设施以及投融资设施。由于商务支撑设施和产业园区外部有关联性，因此在规划时需要考虑城市的整体布局。一般地，这些设施会被安排在产业园区边界或进出口的位置。

③教育培训。高新技术产业园区的持续健康发展离不开优秀人才的支持，而吸引和培养人才则是实现这一目标的主要手段。由于教育和培训的功能与生产和研发之间联系不是很紧密，因此可以将它们与公共服务或商务支撑的相邻位置进行综合布局。

④管理服务。为了保障产业园区正常运转，必须提供高效合理的管理服务。管理服务中心作为产业园区的重要组成部分，其规划布局、服务机制以及日常运作都直接影响到产业园区的整体发展。管理服务的工作领域十分广泛，涵盖了产业园区的招商引资、建设、日常运作以及物业管理等。为了能够快速、方便、就近提供服务，在规划管理服务布局时，要综合考虑全面覆盖所有的管理对象。因此，产业园区应将商务管理服务中心布置在商务设施集中的区域或产业园区的中心位置。这种布局还可以提高服务效率，减少管理成本，优化管理流程，从而为产业园区的发展提供有力支持。

（2）生活配套设施

在规划产业园区生活配套设施时，为实现差别化布局，产业园区需遵循生态适宜性和丰富多样的原则；同时，应充分考虑产业类型和就业人群的需求，并与城市本身的生活设施空间形成一体化的体系。在规划高新技术产业园区的空间时，产业园区通常会考虑安排六类生活配套设施，包括居住、餐厅、休闲、娱乐场所、文化教育以及公共服务。

3. 交通体系调和

城市的实体基础由交通网络构成，交通网络及其发展程度是促进产业发展的必要条件，但近年来随着产业园区功能的升级优化、人口数量增多和私人汽车使用率的不断上升，交通问题逐渐成为限制产业园区发展的一个重要因素。产业园区的交通体系由对外交通、内部交通和路网结构三个部分组成。在实现产城融合发展的目标下，交通体系的构建需要注重点面结合，即以区域性城市交通枢纽为核心组织空间布局，形成有序完善的网状结构。

4. 生态景观和谐

（1）总量与规模

为了创造一个和谐的生态环境，产业园区的绿化规模和数量是非常关键的。绿化景观不仅可以对高新技术企业和研究机构产生有益的影响，还可以起到减少污染、消除噪声等积极作用。此外，增加产业园区内的景观绿地面积，意味着引入更多的绿色植被，绿色植被不仅能够有效净化空气，还可以吸收并去除有害物质。因此，产业园区环境的改善效果会随着景观绿地面积的扩大而相应增强。在产业园区中，增加景观绿地的面积对于创造健康、可持续的环境十分重要。

（2）系统布局

产业园区的生态景观系统布局也可以采用不同的布局方式，包括点状、网状、环状、放射状、带状、楔状和指状等八种形式。在产业园区初期发展阶段，往往会采用特定的布局形式，以建立起初步的生态景观系统。这种简明的布局方式有助于迅速确认产业园区的基本生态特征，并为后续生态系统的搭建奠定基础。随着园区的不断发展和成熟，我们要考虑更多元化的布局方式来满足不断增长的生态需求。因此，在产业园区不同的发展阶段，要结合产业园区自身的特点采用多种方式进行组合布局，以获取更高水平的生态景观效益。这样的综合布局将更好地促进生态系统的稳定发展，并为产业园区提供更高的生态价值。

（3）节点营造

为打造具有人文特色和自然风光的产业园区，需要建立中心景观、组团景观和防护景观三种重要的景观节点。这些节点代表着点、线、面三种空间形态，它们在产业园区景观生态系统中相互协作，共同构建产业园区景观生态系统。这些富有自然风光和人文特色的景观节点可以为产业园区注入个性化和独特的形象。

本书探索了如何在产城融合理念下设计产业园区的空间布局思路及其总体路径。在规划产业园区的空间布局时，首先，要考虑的是如何将产业园区与主城区的空间融合；其次，是如何在产业园区内部创造一种融合共生的空间格局。就产业园区与主城区的空间融合而言，可以从整体空间融合和边界空间融合两个方面进行考虑。其中，在边界空间融合方面，存在三种不同的状态。一是边界共享状态，园区与主城区之间形成相互渗透、互为补充的关系，共享交通、商业和人才等资源。二是边界转化状态，通过城市更新和土地再开发等手段，将原本的边界线逐渐消除，实现无缝衔接和流动。三是边界扩展状态，产业园区逐渐扩大，与主城区日益交融，形成更大范围的城市发展布局。在整体空间融合方面，可以采用综合规划的方法，将不同规划要素整合在一起，通过考虑园区的空间布局、产业选择和功能定位，实现产业园区配套设施与周边城区的协同发展。这种方法能够综合考虑各项要素之间的关系，促进资源共享和优势互补，从而实现空间上的融合与协同。在内部空间的融合方面，可以从生态景观、交通体系、配套设施和用地功能四个维度来全面探讨产业园区的空间布局。这四个维度涵盖了产业园区内部的不同方面，帮助确保产业园区的空间布局与功能需求相匹配，提高内部空间的融合度。通过合理规划用地，确保产业园区内部各项功能相互配套；建设完善的配套设施，满足居民居住、工作、休闲的需求；建立便捷高效的交通体系，提供便利的交通网络；注重生态景观，创造宜居宜业的绿色环境，为居民和企业提供良好的生活条件和工作条件。

## 第二节　产城融合视角下产业新城空间规划布局

### 一、国内产业新城的空间特征

产业新城是一种新型城市发展模式，其特点是“以产兴城、以城带产、产城融合、城乡一体”。与传统城市相比，产业新城通过规划、建设和运营，打造一个以产业为基础、以城市为载体的综合性发展区域，实现产业与城市的深度融合和一体化发展。

在城市整体形态方面，产业新城已经从初期的新兴产业集聚地发展成为一个成熟的城市区域，其城市形态已经不再是简单的工业园区，而是融合多种功能于一体的综合性城市。这种综合性使得产业新城的城市形态更加丰富多样，不再是以单一的工业生产为主，而是包括了居住、商业、文化、娱乐等多种城市元素。在用地布局方面，产业新城已经从早期的以工业用地为主，逐渐向更加均衡的用地布局转变。随着产业升级和城市功能的完善，产业新城的用地布局更加合理，不仅有足够的工业用地，还包含了大量的商业用地、居住用地、文化教育用地等。这种用地布局的优化使得产业新城居民的生产和生活更加便利，更加符合现代城市发展的要求。在公共服务设施建设方面，产业新城已经从早期的以工厂设施为主转向了具备更加全面的公共服务设施。现在，产业新城内已经拥有完善的公共服务设施，包括学校、医院、文化活动中心、公园等。这些设施的存在使得产业新城的居民能够享受到更好的生活，也使得产业新城更加宜居。在交通系统建设方面，产业新城已经从早期的以道路交通为主，转向了建设更加立体的交通系统。

现在，产业新城内已经拥有完善的道路交通网络和公共交通系统，能够满足居民的出行需求。同时，随着城市的发展，产业新城也开始注重绿色出行和慢行交通的建设，使得居民出行更加环保和便捷。在生态环境方面，产业新城已经从早期的以工业污染为主，转向了更加注重环保和生态建设的方向。现在，产业新城内已经拥有完善的环保设施和生态保护措施，使得城市的生态环境得到了有效保护。同时，产业新城也开始注重绿色建筑和可再生能源的使用，使得城市的可持续发展能力得到进一步提升。在城市形态方面，城市边界空间将进一步扩展，与生态基地实现融合，不同功能区域之间的协同效率将得到提升，内部空间结构将更加有机。产业新城需要更好地配备公共服务设施，交通系统需实现人流、物流和信息流的高效交互。随着服务业的发展，产业新城用地布局将更多地融入产业元素、学术元素和研究元素。此外，我们还需要进一步规划和改善产业新城的生态休闲环境，以提高产业新城的活力和宜居程度。

## 二、产业新城的空间规划策略

### （一）产业空间发展策略

1. 与城市产业联动发展

城市周边产业新城可以接手转移的城市人口和产业，其受到城市经济增长、产业转移、科教水平的推动。同时，城市周边产业新城也与城市在各个领域建立了相互依赖和紧密合作的关系。随着城镇化的进程，城市中心的人口可能会向周边地区转移，这可能带来新的发展机遇。同时，产业也可能从城市中心向更靠近外延区域转移，以寻求更广阔的发展空间和更高效的资源利用。在进行城市周边产业新城的规划时，要综合考虑包括城市的人口分布、产业发展趋势、交通网络、自然资源在内的各种因素。

在产业新城规划的初期阶段，其仅依靠主城区提供的经济、科研和人才来发展其产业。以京津冀地区为例，该地区包括北京、天津两座超大城市，作为世界级城市群，其产业组织趋势如下。①正在从过去单一的“传统生产体系”向“生产与消费服务复合体系”发展。世界级城市群的重要战略目标被定为，以知识经济、体验经济为特点的科技创新、文化休闲、创意产业和绿色游憩等功能建设。②创新中心建设的重要载体，包括交通便利的枢纽空间、具有人文特色的交流空间以及相对低成本的空间。科技创新功能已成为世界级城市群提升全球掌控能力的全新竞争手段，以适应互联网、大数据等新经济的发展。③为了满足广泛的个人多元化需求，需要提供高质量的公共服务和提高人居环境品质。

2. 生产功能优化布局

产业新城作为一个经济实体，其生产功能主要体现在投资和产出效益上。这些效益不仅对产业新城经济发展至关重要，而且对整个区域经济也有着深远的影响。城市周边产业新城应当根据自身的资源和区位优势，科学规划产业结构和发展方向，实现制造业和服务业的协调发展。城市周边产业新城应当优先考虑发展信息业等行业，此类行业除具有高附加值、低能耗等特点之外，更重要的是它们是与服务型制造业紧密相关的产业，能够为城市的经济带来长远的利益。同时，提供支持的服务业也是产业新城发展的重要方向，其能够为制造业提供必要的支持和保障，进一步推动城市的经济繁荣。

在特定情况下，产业新城的规划也需要统筹考虑现代化农业和生产型制造业的布局。现代化农业能够提高农村地区的生产效率，增加农民的收入，推动城乡一体化发展；而生产型制造业则能够为城市居民带来更多的就业机会，提高城市居民的工业水平，从而提升城市的综合竞争力。

由于服务型制造业对于上游环节的重视程度较高，包括生产流程的研发设计、销售售后等，因此虽然被归为制造业，但其运营模式和布局方式却可以独立于传统制造业，需要更加灵活和适应市场需求的布局方式。与传统制造业相比，服务型制造业的厂房面积需求较小，甚至可以减少对厂房面积的依赖。这主要是因为服务型制造业更加注重人才、科技和信息技术的运用，而非简单的生产制造过程。因此，服务型制造业的企业规模相对较小，更加依赖高素质的人才和先进的科学技术。基于以上特点，服务型制造业在产业新城的布局需要灵活应对，不必强求集中布局，可以采取组团式布局的方式。同时，为了更好地吸引人才和消费者，服务型制造业需要与人才集聚地段和消费者集聚地段一起进行集中布局。此外，便捷的交通也是服务型制造业布局的重要考虑因素，以便更好地与市场进行连接，提高运营效率。

为服务型制造业提供支持的服务业在产业新城中应当寻求一种更为合适的布局模式。在这种模式下，服务业与环境优美的区域相结合，并集中于服务型制造业的周围。这种布局方式可以促进服务业与制造业之间的互动和协作，同时与居住和公共服务组团紧密相连。通过这种布局，可以有效地提高产业效率、优化资源配置，并推动经济发展。此外，保留足够的开阔空间也是必要的，可以满足人们的生活和工作需求，并确保城市环境的舒适和宜居性。在全面考虑产业新城的现有条件和发展条件后，应当根据实际情况决定是否在这些区域布置现代化农业和生产型制造业。在规划阶段，应将这些产业与产业新城的其他组团区域进行分隔，并优先选择交通便利的位置进行布局。这样可以确保这些产业与城市其他区域保持适当的距离，同时能够便捷地连接到主要的交通枢纽，以便更好地支持城市的发展。

### （二）城市空间布局策略

1．完善区域交通体系

产业新城刚开始建设时，往往会自发地向城市周边扩展，这通常是依靠公路等交通设施来进行的。因此，综合交通状况的改善对于产业新城吸引资源、推动与城市之间产生联动发展具有至关重要的作用。以杭州市为例，在杭州市中心城区“一主三副”的辐射带动下，其各产业新城沿着主城区放射的交通路网向心生长。通过利用杭州主城区的经济、商务和科教条件，产业新城以机器人、影视、体育等特色产业为支撑，成功地实现了快速增长和发展。

2．组团结构合理布置

在城市组团结构层面，第一，产业新城建设初期的资源要素都来自母城。因此，为了确保资源的顺畅流通，产业新城必须与母城之间建立通畅的联系通道。第二，我们应逐步将产业新城的城市功能与母城的发展模式分离开来。在母城的产业基础上，打造独特的产业新城综合服务中心，集中分布城市级服务设施，以提供更为完善的服务。第三，根据不同的产业类型，在城市级服务中心周围进行分散式布局，以促进各产业更好地协同合作，共同发挥作用。将同类型的产业组团集中在一起布置，可以增强合作效应，不同种类的产业应该进行分区布置，以防止互相干扰。每个产业组团应有组团内部服务核心，以满足基本的生产和日常生活需求。产业新城整体空间呈现“一核心、多组团”的格局。

3．城市功能适度混合

城市功能适度混合可以从平面和竖向两个角度考虑。平面方面主要指土地的混合，而竖向方面则更关注不同业态之间的复合。

在产业新城的规划中，特别注重土地使用方式的混合，其特征是工业用地减少，而居住用地、公共服务用地、商业设施用地以及绿地的规划则显著增加。鉴于这一特点，工业开发需要减少对大面积用地的依赖，因此在土地利用方面不再需要遵循传统的模块化划分原则。住宅区、公共设施商业区和公园绿地在土地使用上的特点是，它们需要使用的土地相对较小，具有更高的灵活性，对交通和人流量的要求较高，同时与相邻的土地用途相容性较好。因此，在规划城市周边的产业新城时，主要考虑在核心区域内合理混合布局各种城市功能，以实现土地的有效利用和要素之间的高效流动，从而取得集聚效应。这样做不仅可以避免功能分散带来的各种负面影响，还能够促进产业发展和城市经济的繁荣。

业态复合方面，为了更有效地利用土地、满足人们的需求，城市同时将各种功能集合在一个建筑物内，使其得到了进一步发展。近几年来，国内流行的做法是在地铁交通枢纽上方建造楼房，同时与地铁站一起进行开发建设。这一举措使市政设施、轨道交通、路面交通、商业、商务、娱乐等城市功能得以有效整合，整个建筑从下到上构造紧密、结构完美，实现了优化空间布局、提高土地利用率的目标，同时也提升了空间的价值和活力。需要注意的是，产业新域要保证不同功能之间的兼容性；要遵循人们的使用习惯，符合人们的使用要求；要注意区分静态元素和动态元素。通常情况下，为了吸引更多人的注意和兴趣，公共设施如交通设施和商业设施会被安置在底层，高层建筑则通常具备商务、酒店、居住等功能，以避免受到嘈杂环境的干扰。

## 第三节　产城融合视角下城市空间发展

产城融合的功能，一是可以促进产业高效聚集；二是可以增加就业机会，避免盲目城镇化所带来的空城问题；三是有助于打造城市产业生态体系，促进产业自我更新能力的提升；四是能够有序推动城镇化进程，促进城市一体化建设。实践证明，如果工业化和产业化得到快速推进，甚至超过城镇化发展进程，就会导致城市基础设施配套不完善、劳动力短缺、住房紧缺、交通拥堵、资源匮乏和环境污染等诸多难题，进而妨碍产业的可持续性发展和高端化发展。

即使产业再高端，没有城市作为支撑，也只能是无所作为。相反地，若城镇化进程过快，未能建立起支撑城市运作的优势产业，则会导致产业空心化、就业率低、薪资水平低下和经济低迷等问题。即使这座城市再漂亮，也只会成为一个“空城”。

在这种发展模式中，我们主要将生态环境作为支撑并通过现代产业体系的推动，将生产性服务和生活性服务结合起来，从而实现多元功能的复合共生。在此情况下，生态、生活和生产三者的布局需要得到适当的优化和合理的安排。我们应积极倡导环保、低碳生活和循环经济，严格监管环境保护，推广绿色生产方式和资源循环利用。产城融合需确保城镇网络与主产业共同协调发展，其通过合理的城市规划、产业优化和产业集聚，可以提升城市管理和公共服务水平，从而打造更宜居宜业的生活环境。产城融合应以新兴产业为引领发展高端产业，并引进高技术企业培育新的经济增长点，促进产业升级和转型；还应加强与传统产业合作，促进产业链的完善和发展。这些措施的实行可以实现产业与城市发展的相互促进，进一步实现人与自然的和谐共生。

要实现城市的可持续发展，我们需要对产业和城市进行周全的规划和有效的定位，准确定位符合区域发展的产业规划和城市规划，并注重强化城市功能规划和产业发展的协调，保证“规划与定位同步原则”的落实，以避免因盲目扩建城市而引发城市空心化的问题。产城融合的目的是弥补城镇化早期存在的缺陷，充分利用城市最新的土地资源和空间资源，推动有竞争力和有战略前景的产业或新兴产业的发展，从而引导产业向更高端、更具潜力的方向转型升级，实现经济动力的转化。

产城融合要求产业发展和城镇建设必须形成互动关系，两者共同促进、协同发展，保持步调一致、协调配合。为了确保城镇化有产业带动，一方面需要对城镇的功能进行优化，以适应工业发展的需求；另一方面也需要城镇的支撑来推进工业化进程，从而有效避免产业发展“超前城镇化”或“滞后城镇化”现象发生，并保证生产和生活的协调发展。

# 第五章　国内外产城融合发展的实践及经验启示

对于产城融合来讲，每个国家都有适合自己的发展方式。本章主要讲述国内外产城融合发展的实践及经验启示，从七个方面进行叙述，分别是国际产城融合发展的概况及特点、国际产城融合发展的前沿动态、国际产城融合发展的案例与经验、国际产城融合发展的启示、我国产城融合发展的概况及典型区域实践案例、我国产城融合发展的经验、我国产城融合发展的问题及策略。

## 第一节　国际产城融合发展的概况及特点

### 一、国际产城融合发展的概况

20 世纪初，快速工业化导致伦敦受到“大城市病”的困扰，因此开始探索以新城建设为主要方式的郊区化运动。20 世纪 40 年代，英国开始兴建卫星城。西方发达国家开始有意识地在大城市周边建造新的城市，以便生活和工作实现平衡，这就是产城融合发展的雏形。举例来说，日本筑波科学城和法国索菲亚科技园区从产业园区开始培育功能完善的产业新城，这些城市有效地缓解了中心城市的人口压力和交通压力，同时也成为该区域新的经济增长点。

英国伦敦新城建设大致可以分为三个阶段，在新城建设的前两个阶段也存在产城分离、“卧城”的现象，第三阶段的新城建设与以往新城相比则更重视在产业与城市、经济与社会方面的协调。其中米尔顿·凯恩斯是第三阶段新城建设中的典型代表，其建设和开发具有如下特点：第一，新城建设的出资模式以私人投资为主，而非前两个阶段的政府出资；第二，在新城的规划阶段就注重经济发展与社会发展的平衡，采取了就业岗位分散、就业用地与居住用地配套、合理分布交通流量等方式来促进产城融合发展。

美国纽约新城的建设受到了后工业时代的推动，以及田园城市思想的影响。

在第二次世界大战开始之前，美国就已经开始了对新城的试验；第二次世界大战以后，美国的新城建设大致经历了三个历程，即居住功能郊区化、大规模商业设施郊区化、“边缘城市”发展。

日本新城的建设和功能的完善大致经历了两个阶段。第一个阶段是从二战后到20世纪70年代，日本的新城主要是为了疏散大城市的人口而建设的，新城功能单一、对主城依赖性强，处于“卧城”阶段，除了医院、学校等基础设施，缺乏产业支撑。第二个阶段是20世纪70年代以后，功能单一的新城逐渐从具备部分商业功能的卫星城转变为区域经济增长的极核。

## 二、国际产城融合发展的特点

### （一）因地制宜

一个城市能够发展，是需要集该地区全方位的优势于一身，立足长远的发展目标而推进的。换句话说，城市发展要因地制宜，即利用当地的特色、环境、文化、历史等开发适合城市发展的产业。一个产业从无到有的开发过程，是一种人们自主选择的过程，在这个过程中逐渐确立产业发展的模式。类似于这种方式发展起来的城市产业，其成长发展的类型是多样的，可以采用一种较为简单的方法对城市进行分类，即可归为两类：一类是产业发展促进城市的形成，通俗来讲就是指资源型城市，既然是资源型，就说明资源是城市形成的最基础部分，也是十分重要的成分，即靠山吃山、靠水吃水；另一类是因人口集聚而发展起来的城市，在这种人口密度高的城市里，其经济发展依靠的是众多强大产业，为了促进城市的发展，产业选择及确立是一个十分重要的问题。此外，也可以对城市发展类型进行相对细致的划分，可以分为自然成长型、学习借鉴型和外来移植型。

1. 自然成长型

自然成长型的发展特点就是发展因资源而定，或者形象地称为靠山吃山的发展模式。有相关研究认为，资源型城市的出现是矿产资源和森林资源开发的结果，并以这些资源来支撑城市产业的发展。针对这一观点，国内外学界展开了深入的研究与探讨，并最终得出结论认为自然成长型产城融合城市分为以下几种：①提供资源型产品的城市，该类城市主要以提供矿产品或初级加工品为主；②专门为资源开发而建立的特殊城市，该类城市的产业发展主要以采掘业和初级加工业为主；③因资源开发而再度发展的城市。

2. 学习借鉴型

东京在城市发展模式上与其他国家的很多城市有所不同。它是一个综合性的发展城市，融金融、政治、工商业、文化于一体，被人们誉为集纽约、华盛顿、硅谷、底特律几个城市功能于一身的世界城市。例如，在交通方面，日本最大的港口群——东京湾港口群地处交通便利的重要地理位置，并以其国内的两大机场为交通枢纽，成为通往国内外的航空基地。此外，在港口的分工上，京滨地区也发展得有条不紊。其中，千叶港负责原料的输入，对外贸易则集中在横滨港，对于国内贸易的流通则主要在东京港，而川崎港主要负责为企业运送原材料、制成品等，这样的发展模式既自成体系又便于管理。

3. 外来移植型

汉诺威作为德国内部占地面积相对较小、人口数量不是很大的城市，其发达程度相当高，其中制造业尤其发达，它的水陆交通枢纽更为汉诺威的工业发展带来了便利。汉诺威的发展也是充满波折的，但第二次世界大战以后，其在1947年举办的工业博览会获得了极大的成功，这为它的经济发展奠定了坚实的基础。此外，汉诺威政府也对城市经济的发展给予了高度重视，明确了会展业为支柱产业，在这之后制定经济和城市未来发展的双重战略的同时也将会展业考虑在内了。另外，对会展业的经济投入也被列入政府的财政支出名单，这无疑对汉诺威的发展提供了更大的保障。健全的会展业体系也对其他行业发展有一定的促进作用，如专业人才培养、商业合作、国际交流等，甚至对政府、行业协会在治理、管理方面都有成效。城市的发展不是孤立进行的，产业发展更要依靠国家内其他城市产业的支撑。随着工业的不断进步与发展，汉诺威举办的工业博览会逐渐成为世界上较专业的贸易展览会，而这座城市也被人们誉为“会展之都”。

### （二）因时制宜

因地制宜是以产业的选择、确立为主要内容来展开具体论述的，而因时制宜则更多关注产业转型升级等问题。

1. 充分尊重传统产业的延续性

传统产业在新的发展时期难免存在一定的发展瓶颈。对此，相关学者展开研究后认为，传统产业应该与现代化的产业相结合，共同发展。例如，工业革命时期一些因煤炭、矿产资源而兴起的老工业基地在面对新的生产资料时积极调整产业发展结构，最终使产业转型升级成功，建立了新型的现代化工业城市。在产业转型发展的关键时期，其没有抛弃对传统产业的继承和发扬，而是进一步将这些产业融合进城市的发展风格中，在体现城市发展多样性的同时，也体现了城市所承载的历史和责任。

2. 积极寻求传统产业的转型升级

曾经的钢铁之城、经济发展繁荣的老工业基地——匹兹堡也曾面临着产业发展不景气的局面，经济景象一派低迷，但它没有放弃寻找机会，而是开展了一场复兴运动。匹兹堡采取了积极有效的措施来推动城市的发展，把注意力放在了产业转型上面，最终取得了令人满意的结果，城市的面貌焕然一新。在产业转型促进经济发展方面，匹兹堡将注意力主要集中在三点：一是环境治理；二是产业结构多样化；三是注重历史，大力寻求传统产业的发展机遇。在此基础上，匹兹堡以重工业为主的发展逐渐退出到边缘区域，城市转型效果显著，同时教育、医疗、科学技术产业、文化产业也获得了前所未有的发展。在之后的几十年，匹兹堡不断发展进步，并逐渐成为美国推动城市产业转型的标杆城市，甚至对其他国家城市的老工业基地转型也具有借鉴意义。

## 第二节　国际产城融合发展的前沿动态

国外城市信息化进入高级阶段，主要得益于射频识别（RFID）、数据采集、精密传感器、云计算、下一代互联网、地理信息系统（GIS）以及大数据等新一代信息技术的普及。人们对“智慧城市”的概念和模式越来越感兴趣，并且逐渐成为一种现实。

智慧城市可以利用先进科技（如大数据、物联网、云计算等）提升城市管理效率，提高资源利用率，改善社会服务水平，优化人与社会和自然的关系。它是城市信息化和数字化的延伸，也是人们对未来更智能、更绿色、更和谐城市的向往。智慧城市不仅是技术进步的体现，更是社会发展的需求。它是推进信息化和工业化的有机结合，促进城镇化健康发展和城市转型升级的重要战略选择。在建设智慧城市的过程中，应注重提高城市基础设施水平，增强公共服务能力，推动产业升级和绿色发展。同时，要注重保护生态环境，促进人与自然和谐共生。

智慧城市不仅是一个未来趋势，更是一种全新的社会发展模式。通过培育智慧产业，鼓励科技创新，我们可以推动物联网与人工智能的深度融合，从而构建一个高度发达的智慧经济发展模式和社会生态系统。这样的系统将极大地提高我们的生活质量和社会效率，并引领我们走向一个更加繁荣、宜居的未来。

传统商贸业也正经历一场深度的转型，以适应新的市场环境和消费者的需求。通过向电子商务和跨境贸易产业园转型，不仅可以扩大商贸服务业的规模，还可以提升其服务质量，为居民提供更加个性化的服务。同时，信息技术产业的发展也是推动城市经济发展的重要力量，它不仅可以提供更多的就业机会，还可以带动其他产业的发展。在此基础上，智慧城市的建设将进一步推动区域经济的转型升级，提高城市的吸引力和竞争力。

智慧城市不仅提升了城市的运行效率，还在深层次上推动了产业可持续发展、加强了城市管理和治理，以及促进了民生改善。然而，智慧城市也面临着许多挑战，需要我们用更全面的视角去理解和解决。在产业可持续发展方面，智慧城市需要建立一个公共信息平台，实现产业和城市的深度融合。这个平台可以汇聚各种资源，包括人才、技术、资金等，从而推动经济的发展。然而，由于缺乏统一的技术标准和评估体系，跨领域的调度和协作变得异常困难。这就导致了资源无法高效整合，也阻碍了产业的可持续发展。在城市管理和治理方面，智慧城市需要运用先进的技术手段，如大数据、人工智能等，来实现精细化管理。此外，智慧城市还需要建立产业生态系统，以推动经济的可持续发展。由于不同产业之间的差异巨大，如何实现资源的优化配置、如何制定有针对性的政策都是需要我们面对的挑战。在民生改善方面，智慧城市需要为居民提供更便捷、更高效的服务。例如，通过智能化的交通系统，可以减少交通拥堵，提高居民出行效率；通过智能化的医疗系统，可以提供更优质的医疗服务，改善居民的健康状况。这些系统的建设需要大量的资金和技术支持，同时也需要居民的广泛参与和积极配合。

## 第三节　国际产城融合发展的案例与经验

产城融合发展是目前产业转型与城市经济发展的重要内容，我国可以借鉴国外一些转型成功的城市的方法策略，再结合我国实际情况加以完善。具体城市发展案例如下。

### 一、日本筑波科学城的产城融合

日本筑波科学城是一座具有详细发展计划的城市，在居住人口及比例划分上相对比较严格。

日本筑波科学城包括两个部分：学校和周围的开发区。其中，周围开发区主要用于建立私人研究机构，这些区域被划分为城市中心区、居住区以及研究和教育设施区三个部分，以适应不同的需求。这里有许多建筑，包括中心大厦、购物中心、巴士站和停车场等，还有其他设施，如文化活动设施、公共管理设施、商业设施和研究交流设施。

从日本筑波科学城案例中，可以总结出其产城融合成功的几点经验。

### （一）筑波大学的纽带作用

筑波大学的前身是东京师范学校，1949 年更名为东京教育大学。1973 年，日本国会通过了《筑波大学法案》，同年 10 月，日本综合性大学——筑波大学正式成立。筑波大学办学空间足够宽敞。在城市发展的过程中，筑波大学起到了十分重要的作用，它不仅在各个研究机构之间充当桥梁，促进了机构的学习和进步，还为这些研究机构储备了非常优秀的科研人员。

### （二）立法保障和优惠政策的双重实施

筑波科学城是日本政府极其重视的发展区域，其法律建设也是十分健全的，它是世界上立法最多的工业园区之一。在立法保障方面，其可以分为两个部分：一是就高新技术产业内部地区而制定的法律；二是关于国家经济和社会发展方面的法律法规。对这两部分的法律法规进行比较可以看出，第一部分显得更集中、对该区域的发展约束更有力度，这也是筑波科学城的一大特色。详细的法律法规和大量优惠政策在给筑波科学城发展提供保障的同时，更促进了其科学发展和经济水平的提高。

### （三）环境保护与城市建设协调发展

筑波科学城东临日本第二大淡水湖霞浦湖。山地林地、农田（旱地、水田）等占据园区总面积的 65% 以上，其绿色廊道中的水绿最为著名，被称为“乡村城市与绿色并存”。日本政府对该科学城的规划理念是，科学城的建设应该尽可能做出各种各样的活动来实现有机链接，同时，通过自然环境和历史遗产保护，科学城建设可以保障人们拥有健康、文明的生活。筑波科学城的发展目标是建设一座人与自然协调发展的生态城市。

### （四）筑波世界博览会的促进作用

日本政府以促进筑波科学城的发展、提升其知名度、促进国际交流为目标，举办了筑波世界博览会（以下简称世博会），使之吸引更多的目光，并成为具有国际影响力的科技研究中心。筑波通过举办世博会，在设备和基础设施建设中发挥自身潜力，逐步成为日本乃至亚洲的研究机构中心和企业研发中心。

在促进科学城发展方面，日本政府采取了以下多种措施，以全力打造更具实力的科研中心城市。

①加快基础设施建设。刚刚建设成的筑波科学城由于基础设施建设还不到位，居民的生活和工作都无法正常展开，整体发展也停滞不前，无法取得预期效果。世博会举办以后，筑波科学城获得了大量的资金，在充足资金的支撑下，其迅速完善了一批至关重要的基础设施建设，这不仅大力促进了科学城的有效运行，还为其进一步发展奠定了基础。

②完善城市在各方面的功能。作为以科学研究为主的新兴城市，筑波科学城由于商业建设等配套设施较少、人口居住过少、经济发展不景气，在这种恶性循环的环境中，科学城发展也十分缓慢。举办世博会以后，筑波科学城的商业发展有了更多的机遇和资源，各种购物中心、大型商场、餐饮酒店等一应俱全，信息化建设也逐渐完善，不仅使科学城面貌焕然一新，还对其功能结构进行了充分合理的优化。

③环境美化必不可少。室外环境是科学城建设的重要方面，不仅可以改善科学城的面貌，还能打造宜居健康的生活环境。世博会成功开办以后，对于占用的大部分土地，除用于企业开发外，均建设成公园和绿地，公园和绿地与人行路和广场相连接构成开放的空间系统。开放空间与商业、交通、文化、住宿等设施相结合，在景观绿化设计上做出了巨大的努力，形成了高度人性化、优美的城市环境。

④提升城市知名度和进行国际交流。在大规模的世博会影响下，筑波科学城的国际化水平大幅提升，知名度迅速升高，国际交流也有了新的突破。筑波科学城目前已经是闻名于世的国际科学城，并成了国际科学交流的重要基地。

## 二、美国尔湾的产城融合

美国加利福尼亚州的尔湾经历了1970年美国大都市从工业化向后工业化发展的过程，经历了大洛杉矶地区从单中心裂变为多中心的过程，逐步具备了典型的城市功能。

尔湾是一个占地面积相对较小的城市，但这里自然秀美、气候宜人，尤以长滩海滨最为著名。尽管这座城市的历史很短，但它仍是美国最安全、最适宜居住的城市。在热门城市中，尔湾成为城市融合的典型。

尔湾是一座一开始就经过规划的城市，其规划与其他新兴的城市发展规划不同，它不是由政府主导的，而是由私人公司（尔湾家族成立的尔湾公司）投资慢慢发展起来的。尔湾的经济发展经历了比较漫长的时期，可以将其划分为五个发展阶段。

第一阶段为1959年以前。这一阶段还是以农场为主的发展阶段，其主要生产产品为农产品橘子、胡桃和动物产品绵羊产物，直到尔湾公司选出董事长、公司正式成立以后，才有了进一步的发展。在此期间，尔湾公司将大约4平方千米的土地以1美元的价格出售给加利福尼亚大学（简称为“加州大学”）建设新校区，加州大学尔湾分校的建设自此拉开帷幕。

第二、三阶段分别为大学社区规划阶段和社区发展规划阶段。在这两个阶段，加州大学聘请了著名建筑师，使其和尔湾公司的规划者一起围绕新校区进行了重新规划。为了长远的发展，规划还将城市人口发展规划列入其中，并建立了相应的配套设施，如商业中心、工业区、生活区及绿地建设等，将其发展成一个功能完备的新型城市。其中，在第三阶段的规划设计中，其引入了新型的园林开发理念，为商业区和社区的融合发展创造了新的局面。

第四阶段为产城融合发展的成熟阶段。这一阶段的城市发展融入了环保主义理念，在保护自然生态环境的前提下，尔湾开始将环境保护的概念融入城市发展和布局建设之中。在考虑城市综合发展的基础上，尔湾逐渐进入产城融合发展的成熟阶段。

第五阶段为2000年以后，这是第五代城市建设的阶段。在这一阶段，尔湾已经得到了全面的发展，经济实力也显著提高，综合竞争力也达到了一定的水平，其在生活服务方面，实现了交通便捷、教育质量有保障、生活区域发展完善。在城市快速发展的同时，尔湾也吸引了众多优质企业进驻该市，这又对其经济建设提供了新的路径。

产城融合发展为尔湾的经济发展提供了沃土，美国政府应对其未来进行合理规划。第一，要时刻把城市规划设计放在心上。城市整体规划是城市资源被有效利用的基础，也是建设特色区域的最佳手段，还是实施空间保护的重要措施。第二，大力发展高新技术产业，打造多元化的产业发展结构。多元化一直是城市发展的重要主题，强调多元化不仅可以促进行业间的渗透，还能够促进传统产业和落后产业转型升级，促进第一产业、第二产业、第三产业的协调发展。此外，在产业发展上，应加快提高劳动质量和劳动者的受教育水平，这对尔湾的市政建设具有极大的推动作用。第三，注重生态环境保护和人居环境建设。值得注意的是，尔湾在规划发展的过程中保留了自然保护区等湿地，对自然水系进行了生态保护。在以可持续发展战略为中心的城市建设中，尔湾成为生态与城市协调发展的典范。

## 第四节　国际产城融合发展的启示

### 一、产城融合发展的关键要素

#### （一）城市规划超前

城市规划超前体现在两点：一是规划要以城市人口和产业发展为目标，对其有精准的判断；二是规划要为新城或园区开发预留充足的发展空间，对于重要的交通节点区域，若没有成熟的想法、项目，切勿贸然布局开发。关于城市发展空间预留的问题，可以借鉴马恩拉瓦莱、筑波科学城等发展模式。

#### （二）空间布局合理

产城融合更强调园区和城市功能区的混合发展。这就意味着对产业园区的规划必须与居民居住区、商业区等生活服务场所相联系，改变以往严格划分界限的做法，使整个城区有机协调发展，资源利用趋向于更合理、更高效。

### 二、产城融合发展成功的前提

城市空间布局需要产业支撑。例如，马恩拉瓦莱以游乐园为城市发展的主导产业；筑波科学城则将科技研发作为该地区的支撑产业。此外，在产城融合发展过程中，服务业对制造业的发展也有巨大的促进作用，且能够创造一定的就业机会。因此，产城融合发展应优化产业结构，引入产业链高端业态，同时发展与之匹配的各种服务业，使高端产业与服务业形成良好的互助关系，共同发展，以推动产城融合进程。

### 三、产城融合发展的物质保障

#### （一）良好的交通

良好的交通是一切生产要素能够快速流通的前提。根据国内外的发展经验，可以得知中心城区的生产要素（如技术、人才等）对新兴城区的发展有良好的引导作用，特别是在新城的建设初期，其在一定程度上表现出中心城区的依赖。因此，产城融合发展要充分考虑新城与中心城区之间的交通是否便利。

**（二）优质的社会服务和居住环境。**

产城融合发展的重要功能之一是疏散大城市中心区的密集人口，因此从人口动因考量产城融合发展问题很关键。产城融合发展应努力为居民提供优质的社会服务和居住环境。另外，交通设施的建设要考虑整体城市布局，要打通产业区、居民区及大型公共设施间的交通网。

## 第五节　我国产城融合发展的概况及典型区域实践案例

### 一、我国产城融合发展的概况

近年来，国家陆续制定了一系列推进城镇化优化发展和促进产城融合发展的政策和规划，并得到了全国各地的积极响应。在中央和地方政府的指引下，各地积极协作，使得我国出现了一些在产城融合发展方面具有显著成效且有影响力的地区。

我国产城融合发展主要表现在以下几个方面。

第一，城市更新和产业升级步伐加快。近年来，我国很多城市都开始进行城市更新，通过改造和重建城市地区来提升城市的形象和品质。一些地方政府还积极推动产业升级，鼓励传统产业转型升级，培育新兴产业。这些做法有助于提高城市的产业竞争力。

第二，产城融合示范区建设不断推进。我国政府大力支持和推动产城融合示范区的建设，各地纷纷建立产城融合示范区，探索新的发展模式。这些示范区以政府扶持、产业集聚、科技创新为重点，通过提供创新政策和便利条件，吸引各类企业落户，推动产业发展和城市转型。

第三，城市发展与资源优化协调推进。我国各地在推动城市发展的同时也在注重资源的合理利用和生态环境的保护。一些城市通过改善城市空间布局、优化产业结构、提高资源利用效率，实现了城市发展与资源优化的良性循环。

我国的产城融合发展在过去几年取得显著进展，但仍面临诸多挑战。我国城市化进程加快，城市发展速度较快，但产城融合发展的相关政策和机制尚未完善，导致出现了产业规划和城市规划不匹配的问题。

## 二、国内典型区域产城融合发展的实践案例

### （一）“点－轴”模式——山东半岛蓝色经济区

山东半岛蓝色经济区就是“点－轴”模式的实践案例之一，在“点－轴”模式中，基础是其“点”和“轴”，下面对此进行简要分析。

1. 山东半岛蓝色经济区的“轴”

（1）以胶济铁路为“轴”

位于山东地区的胶济铁路是连接济南和青岛两座城市的重要运输通道，也是贯穿整个山东的主要铁路干线之一，连接着沿海地区和内陆地区。2007年，基于山东省的区域经济状况，我国提出了实行“一体两翼”经济发展模式的建议。即以胶济铁路为中心，横跨山东省东西的中脊隆起带的“一体”地带在该省的经济社会发展中占据着不可动摇的主体地位。山东省一体化地区已有一半以上的城镇化率，并且其经济总量已经超过了北京和天津的经济总量的总和，成为国内城镇连接带中城镇密度大、经济要素集聚度高的城市连绵带。“两翼”指的是以黄河三角洲高效生态经济区和鲁南经济带为代表的地区。“一体”整合了山东半岛城市群、济南省会城市群经济圈以及海洋经济，以形成山东经济的脊梁，并带动“两翼”全面发展，致力于打造一个促进山东省高速发展的有力的核心。

（2）以海岸线为“轴”

海岸线地区是一个关键的经济区域，其优势多重且独特。第一，它通常拥有丰富的港口资源，这些港口不仅作为运输的中心，还是促进国际贸易和交流的重要节点。第二，海岸线地区位于陆地和海洋的交界处，这使得它能够便捷地参与广泛的社会活动。无论是文化交流、商业合作还是国际事务，这个位置都使其成为各种活动的理想场所。第三，由于其靠近海岸，物资的起运和到达都变得相当便利。这为物流和运输行业提供了无可比拟的优势，从而推动了整个地区的经济发展。第四，许多海岸线地区仍然保留着未被利用的土地资源和空间资源。这些资源对于任何发展来说都是宝贵的财富，特别是对于那些土地资源相对紧张的地区。第五，在环境方面，海岸线地区也提供了一些可行的解决方案。随着人们环保意识的提高，人们对可持续发展的重视程度也日益提升。海岸线地区可以通过发展绿色能源、保护生态系统等方式，实现经济和环境的双重发展。

山东半岛的海岸线长达数万米，为经济发展提供了无尽的可能。沿海地区涵盖了七个城市，这些城市的经济实力非常雄厚。未来，山东省政府计划进一步规划和发展山东半岛蓝色经济区核心区域，提高产业水平和优化经济结构，促进山东半岛的快速崛起。这不仅将推动山东半岛的经济繁荣，还将为全国甚至全球的经济发展提供新的动力。山东省出台的《实施集中集约用海打造山东半岛蓝色经济区草案》从集中集约用海的角度提出了九大核心区设想，包括“两城（海上新城）七区”（临海产业集聚区），分别是“丁字湾海上新城”“潍坊海上新城”“海州湾重化工业集聚区”“前岛机械制造业集聚区”“龙口湾海洋装备制造业集聚区”“滨州海洋化工业集聚区”“董家口海洋高新科技产业集聚区”“莱州海洋新能源产业集聚区”“东营石油产业集聚区”。① 这九大核心区都处于半岛海岸线上。

除此之外，根据山东半岛蓝色经济区的设计，山东省将实行“一区三带”的发展战略。“一区”是指在山东半岛全面打造蓝色经济区，“三带”则是利用青岛、烟台、威海、日照、东营、滨州、潍坊七个城市的沿海地理优势，优化海洋经济布局，形成三个具有优势特色的产业带：一是在黄河三角洲高效生态经济区的建设规划中，着重发展沿海高效生态产业带；二是在胶东半岛努力打造沿海高端产业带；三是构建以日照精品钢基地为重点的鲁南临港产业带。这三个产业带在山东半岛的沿海地区都具有独特的优势。

（3）以山东半岛为“轴”

一些专家基于山东半岛蓝色经济区独特的经济地理特征，认为可以采用“一轴两翼”的战略思想，以加强该地区的经济发展。这也是对“一体两翼”战略思想的进一步扩展。这个“轴”不仅是山东半岛的陆地中心，还有延长和发展海洋空间的深意。

2．山东半岛蓝色经济区的“点”

山东半岛几个城市的经济实力十分强大，各个城市人口分布相对密集，已经形成一定规模，并且地方财政收入和人均 GDP 都表现出色。

针对山东半岛的产业布局和城镇发展现状，几个主要城市已经明确了未来的重点发展方向和区域定位。青岛位于黄河中下游地区，是该地区的重要城市之一，它还拥有先进的现代制造业和服务业，这座城市还是一个拥有国际性港口和海滨旅游胜地的城市。济南是山东的省会城市，是山东的政治、文化、教育中心，也是山东中西部以及省际区域交通枢纽和经济中心，其主导产业是现代服务业，且

① 梁丽．山东半岛蓝色经济区集约用海方式研究[D].青岛：中国海洋大学，2012.

高新技术产业也较为发达。烟台作为黄渤海咽喉地带的海陆交通枢纽和现代制造业主导的综合性区域中心城市，在山东省具有重要的地位。淄博作为一个专注于石化、医药和新材料等领域的制造业城市，具有显著的特色和优势。潍坊作为一个综合性制造业城市，以海洋化工、机械、食品加工为主导产业，是连接山东半岛与鲁中、鲁西的交通枢纽。威海是一个现代制造业发达的城市和生态海滨旅游城市，同时也是中韩经贸交流的前沿门户。日照借助新亚欧大陆桥“东方桥头堡”和鲁南城市带出海门户的优势，成为我国东南沿海重要的临海产业基地。东营是黄河三角洲地区的开发基地，是正朝着多元化方向发展的专业化石油采掘、机械工业城市。滨州旨在打造成以机械制造、纺织、印染等现代产业为主的产业基地和工商中心。

山东半岛蓝色经济区具有独特的优势条件，包括资金积累、物质技术支持、交通便利和城镇化程度适中等。在此基础上，山东未来将采取“点－轴”发展战略模式，以实现山东半岛的整体发展。“点－轴”开发理论是一种以城市为支点，通过轴线连接不同城市，从而带动整个区域经济发展的理论。在山东半岛，青岛被视为关键支点之一，它拥有先进的港口和优秀的科技资源，是山东省内乃至全国范围内的重要经济增长极。除了青岛，其他中心城市的地位和作用也得到了强化，它们被塑造为蓝色经济区的战略枢纽。随着时间的推移，山东半岛的经济已经进入了成熟阶段，积累了大量的资金和技术基础，交通便捷，城镇化程度适中。因此，山东半岛在未来一段时间内仍将采用“点－轴”发展战略模式。这种模式的核心思想是通过自然轴线（如海岸线）和人文轴线（如铁路线）的结合来构建发展轴线。在山东半岛，海岸线是一个重要的自然轴线，它连接了多个港口城市，形成了重要的贸易通道和物流通道。同时，人文轴线也扮演着重要的角色，如京沪铁路和济青高铁等铁路线的建设，加强了城市之间的联系和互动。这些发展轴线的建设不仅有助于优化资源配置和提高效率，还能促进区域经济的协调发展。

### （二）同城模式——成德工业园

四川省成都平原东北缘的龙泉山脉东段，自中江县城向西南延伸，成德工业园便位于其上。该地地理位置优越，北部与南山镇相邻，东部与太平乡、清河乡、中兴镇为邻，西面和南面均紧靠着成都市金堂县的边界。

成德工业园是成绵乐发展带（德阳段）和成都经济区（成绵乐发展主轴）的重要节点，在区域经济格局中扮演着重要的角色。这个区域位于金堂县淮口镇旁边，与成阿工业区、青白江工业集中发展区、青白江物流园紧密对接。由于该区域集聚了许多资本、技术以及其他经济资源，因此很容易形成集聚效应和规模效应，从而有利于该园区快速、高效、有序地发展。

成德工业园位于辑庆镇和兴隆镇附近的丘陵地区，地形复杂，包括低山、平坝、宽谷和浅丘。辑庆镇的东侧地势较为起伏，地形多呈现出丘陵地貌，这种地形不太适合土地的综合利用。相对而言，兴隆镇的地势则较为平坦，更有利于进行大规模的工业发展。兴隆镇的用地坡度相对较平缓，只有个别小山坡的坡度较陡峭。辑庆镇地势崎岖多变，地形起伏较大。该园区工程地质条件非常稳定，规划范围内的宽谷和浅丘地区不易发生地质灾害，而低山地区属于容易发生地质灾害的地区。不过，在整个规划区域内，大型的地质灾害点是不存在的。该园区没有地震断裂带，不存在地质灾害隐患，适宜接收工业转移。规划范围内现有工业项目以家具、家电和其他制造业为主。

四川省会城市成都的经济地位显著，德阳也是四川重要的经济城市之一，其拥有多个大型企业。这两座城市都有其独有的特点，具备资源优势和产业优势，因此它们可以整合产业布局和城市功能，实现最大程度的优化。

在 2013 年 8 月，成都和德阳两座城市签署了《关于共建工业集中发展区的协议》和《成都德阳同城化发展框架协议》，计划在规划、工业经济、政府采购、交通、教育、旅游、城市水源保护及金融八个领域展开协作。

两市签订协议是为了加强两市工业经济的合作，共同创建成德工业园。成都和德阳两地拥有各自独特的资源，各具特色。在成都市的产业结构中，科教实力十分强大，现代服务业得到了繁荣发展，并且高端制造业处于卓越突出的地位。德阳市的产业结构则呈现“二、三、一”的特征，其工业经济所占比重较高，制造业领域具备良好的基础，产业结构还有很大的发展潜力。两市秉持着合作共赢的理念，专注于搭建两市优势产业领域内的合作桥梁，积极对接相关产业，重点围绕重大装备、新能源、新材料、民用航空等领域，通力合作攻克难关，深入推进产业链延伸，营造良好的产业集群发展环境，提升工业园的核心竞争力。

### （三）双核模式——成都市新老城区

在新发展时期，成都市致力于优化城市空间格局，构建“双核联动、多中心支撑”的网络化功能体系。聚焦协调“中心城区”和“天府新区核心区”两个极核功能，以此不断提升城市的发展动力和承载能力。成都市通过实行“双核共兴”城市战略规划，使新旧城区的产业得以有机协作与协同发展。

1．实施“双核共兴”空间发展战略

成都市实施“双核共兴”战略，旨在推动中心城区和天府新区双核城市发展格局的形成。天府新区作为城市发展的新极核，可以不断优化和提升中心城区的核心地位，实现双核共兴的局面。天府新区重点打造城市发展新极核，通过新发展核心的集聚效应吸引更多的人才。同时，中心城区则注重优化产业结构，使其成为高端产业以及高科技产业的集聚区，促进产业体系迅速成型。这一战略的实施，将有力推动成都经济的腾飞，实现城市经济的全面提升与转型。

2．推进各城区产业优势分工

根据《成渝城市群发展规划》等相关规划，天府新区和中心城区共同构成城市双核心的完备结构。作为开发的重点区域，中心城区致力于提升传统服务功能，在文化、商贸和金融等产业领域进行改进和优化。作为具有重要开发价值的区域，天府新区以聚集新型城市功能为主要目标，其中包括科技、商务、行政文化、现代制造业基地和高新技术产业基地等。

由于中心城区与天府新区的发展基础存在差异，成都市通过推进两大产业空间的特色化和产业化发展，建立了分工合理、特色鲜明的产业体系。在老城区的产业发展中，应充分发挥中心城区的优势，通过推进传统的优势产业转型升级并突出其特色，实现对产业的全面利用。通过加强对老城区丰富历史文化资源的积极挖掘，成功创建了一些具有独特特色、广受欢迎并且有影响力的旅游文化品牌，从而提高了旅游文化产业的吸引力和经济价值。利用中心城区完善的产业市场体系，应着重发展高端服务行业如高端商贸和金融等，整合城区优质产业资源，推进中低端产业外迁，促进中心城区产业向高端化和集约化方向快速转型和发展。在天府新区开发上，充分利用国家级新区建设的机遇，为成都市打造新的产业发展空间，积极推进实体经济的发展。成都市以科技创新为驱动力，致力于实现产业升级和转型。成都市注重发展战略性新兴产业和现代制造业，并在此基础上建设现代制造业基地，同时打造以商贸物流、会议博览为特色的高端服务中心。

3．强化交通设施的产业关联作用

成都市高度重视交通基础设施在新老城区产业协同中的基础性作用。为了推进新老城区融合发展，努力打造了快捷便利的对外交通体系和高效便捷的城市交通体系，新老城区一体化取得明显成效。

新老城区间的主要交通方式是铁路（包括高速铁路、城际铁路和普通铁路）和公路（包括高速公路和一般干线公路）。此外，双流国际机场和天府国际机场距离新老城区均不远，使中心城区和天府新区之间的交通基础设施实现了共用、共享，形成了一个西部地区的交通枢纽，为产业一体化发展提供了重要的支持。成都市在城市交通基础设施建设方面，完善了综合交通运输系统，以人民路—天府大道主干道和城市轨道交通、常规公共交通、通勤班车等基础设施为核心，打造中心城区与天府新区 0.5～1 小时的交通圈。这将两个地区紧密联系在一起，促进了人员往来和经济交流，有力地推动了产业资源的自由流动和产业互动交流与协作，为新老城区的产业协同发展提供了坚实的基础支撑。

4. “全域成都”下的产业规划统筹

成都市积极落实“全域成都”理念，进行全面的产业规划统筹。在中心城区，发展的重点将放在金融商务和旅游等产业上，以推动产业升级转型。这样做的目的是优化城市的经济结构，提升城市的国际竞争力。天府新区则更注重提高国际化服务和创新服务的功能。新区以创新引领发展，致力于满足人们对于高品质生活的需求，推动城市经济的多元化发展。这种发展模式不仅强调了城市不同区域间的协调发展，还体现了成都市对于未来的宏伟规划。

5. 政府市场作用互动

成都市在中心城区更新和天府新区开发方面，充分发挥了市场在资源配置中的决定性作用并且更好地发挥了政府的作用；同时还协调了产业经济活动的空间布局和产业经济的市场发展环境，采取了政府主导和市场引领相结合的协同推进机制。

①政府主导机制。在组织领导方面，成都市已经先后设立了市“北改”领导办公室和天府新区成都直管区管委会，为了适应城市发展的需要，这两个机构对“北改”和天府新区的建设进行了有序的组织协调。为了加速区域性行业总部的落地，需要将“双核共兴”作为战略层面的重点来推进，并争取将天府新区升级为国家级新区，以进一步提高政策支持力度。新区在规划和实施过程中更注重科学性，不是采用“大拆大建”的方式进行建筑更新，而是注重功能性和文化性更新。在天府新区的建设中，重视科学规划建设和相对独立的布局，以避免其成为中心城区的扩张区域。不断争取中央财政及省、市政府的资金支持，对中心城区更新和天府新区建设提供充足的投资资金，在创新资金来源上给予优先权。

②市场引领机制。根据市场发展的需要，为了在中心城区实现产业疏解和功能提升，新区对重点商圈和名胜古迹进行了改造和修缮，以打造精品文化旅游。天府新区为企业发展创造了优越的政策环境，其可以承接中心城区转移企业和科

研院所的转移（如中国科学院成都分院整体迁入天府新区科学城），并致力于培养市场需要的产业，以吸引世界500强企业来落户。

### （四）新区模式——邢东新区

邢东新区坐落于邢台市主城区东部，其范围包括龙岗大街和旭阳大街以南（晏家屯镇区不纳入范畴），隆南线以西，邢黄铁路、留村路以北，襄都路、京深高铁以东。邢东新区所处地理位置优越，新区内京深高铁、邢黄铁路、京港澳高速、邢汾高速、邢临高速、107国道、邢德公路、邢清公路、邢临公路等多条交通要道交错。根据省、市委编办对邢东新区的批复，邢东新区被划分为五个不同的功能区，其中高铁片区和上东片区被归为邢东新区直辖区。邢东新区统筹发展涵盖了邢台经济开发区、南和产城区以及任县产城区。邢东新区采取统分结合的管理方式，其中“统”即实行统一规划建设、统一政策规定、统一产业布局、统一对外宣传推介；“分”是指合理划分开发建设管理职责的统筹发展区域，同时不破坏现有行政区划，不改变行政隶属关系。在科学划分责任主体事权财权的基础上，各方承担相应的责任，通过相互协作和互补发展来推进区域发展。

在2017至2021年期间，新区管委会开展了一系列道路建设工程，包括启动振兴一路南延（泉北大街至中兴大街段）、泉北大街东延（振兴一路至东环城公路段）和心河路改造（邢州大道至中兴大街段）等九条道路的建设；同时，也启动了地下综合管廊工程建设，其中包括振兴一路（邢州大道至中兴大街段）、泉北大街东延（振兴一路至东环城公路段）和心河路改造（邢州大道至中兴大街段）等五条道路的地下综合管廊工程建设。另外，对邢州大道新区段、振兴一路已建成段以及泉北大街（从东华路至振兴一路段）三条道路，开始进行绿化和亮化的建设工作。在生态保护方面，启动两个生态治理项目，其中包括中央生态公园和牛尾河下游河道的整治工程。此外，还展开了对十多个棚户区的改造，如吕家屯村、大吕村等，以推动改造工程进展。另外，为提高辖区的污水处理能力，市政府计划由邢台市水业集团有限公司负责，建设邢东新区污水处理厂。

然而，邢东新区的某些区域因曾遭受过邢东矿塌陷区的影响，故无法进行大型产业项目建设。因此，在“十四五”规划期间，邢东新区将通过充分整合土地资源，积极推动产业发展和城市建设的良性互动，计划落实“一核、三轴、四区”的空间布局。“一核”指的是构建以园博园为核心的中央生态公园绿核，而“三轴”则是指通过信都路—东华路、邢州大道、泉北大街三条主要发展轴线，将各节点和板块相互联结，构建起新区发展的主要框架。“四区”则指商务金融区、战略性新兴产业区、科教商务区和文旅康养区，旨在吸纳和聚集相关产业要素，以促进现代化产业体系的进一步发展。

### （五）新城模式——固安产业新城

固安产业新城地处河北省廊坊市固安县，位于天安门正南50千米处。2002年6月29日，华夏幸福固安产业新城成立，固安县人民政府与华夏幸福基业股份有限公司（以下简称“华夏幸福”）确定以PPP模式打造“产业高度聚集、城市功能完善、生态环境优美”的产业新城。在过去的十多年中，固安产业新城已经全面发展壮大，并且成为国内采用PPP模式的新城里面最具实践意义与示范作用的杰出典范。

华夏幸福在固安产业新城构建的早期便确立了“建设产业新城”的目标。他们把国际行业当中已经有的成功经验与本地区现实情况进行整合，对将来新城的发展蓝图进行勾勒。在“产教融合”的趋势下，遵循国家产业规划的相关法定政策，致力于发展有航空航天、生物医药、高端装备、电子商务、生产性服务业五大优势的产业集群，并且加快现代农业化的进程，以促进区域经济的全面提升。固安产业新城着力于提升城市生活品质与进行产业升级，旨在构建中等城市发展格局，打造城市核心，聚集各类功能，构建层次清晰的城市结构，提供完备的服务体系并提高城市品质，推动现代服务业高端化进程并协同北京实现全面衔接，同时带动县域经济进行转型与优化。

2017年2月，我国首个关于各类开发区的总体指导文件《国务院办公厅关于促进开发区改革和创新发展的若干意见》发布，其中提出了引导社会资本参与开发区建设，探索多元化的开发区运营模式，鼓励以PPP模式开展开发区公共服务、基础设施类项目建设，鼓励社会资本在现有开发区中投资建设、运营产业新城。这意味着通过十余年的探索与坚持，固安产业新城PPP模式已经获得国家的认可。

#### 1.PPP模式，带动新城发展升级

目前，华夏幸福以建设“经济发展、社会和谐、人民幸福”的产业新城为核心，秉持“四个坚持”的产业新城系统化发展理念，即“坚持以绿色生态为底板、坚持以幸福城市为载体、坚持以创新驱动为内核、坚持以产业集群集聚为抓手”，通过创新升级“政府主导、企业运作、合作共赢”的PPP模式，来探索并实现产业新城的经济发展、城市发展和民生保障。

政府确立PPP模式，并按照工业园区建设要求和新型城镇化的总体要求，采

取“政府主导、企业运作、合作共赢”的市场化运作方式，并把平等、契约、诚信、共赢等公私合作理念融入固安县政府与华夏幸福的协作开发和建设运营之中，积极打造“产业高度聚集、城市功能完善、生态环境优美”的产业新城。2015年，固安县政府与华夏幸福共同探索的PPP模式作为创造性典型经验被国务院办公厅通报表扬，并成为首批入选国家发改委PPP示范项目的典型案例；2017年，党的十九大召开前夕，财政部将固安产业新城列为“砥砺奋进好故事”之一。

2.“产业优先”，构建创新发展体系

产业发展能力是固安产业新城开发运营最重要的竞争力。华夏幸福持续坚守以产业为先的重要战略布局，强调实施“打造产业领先”的核心措施，将世界资源进行整合，从研究规划、集群汇聚、载体建设到服务运营等方面为产业新区提供全方位的解决方案，以促进产业的提升以及竞争力的提高。

（1）清晰的产业定位

华夏幸福对于单一新城的规划注重产业集聚效应，始终秉承“一个产业新城就是一个产业集群”的理念，对于新城的产业定位高度清晰，严格按照“借外脑、练内功”的思路，与全球知名智库战略合作，结合区域产业基础、产业发展趋势、地方发展需求和政府产业政策，科学规划新城产业发展方向。

华夏幸福在进行产业定位时，会聘请国内外知名的城市战略、产业研究咨询机构（如美国的麦肯锡、德国的罗兰贝格等）并与其建立战略合作关系，在前期就对园区进行精准定位。除此之外，华夏幸福的产业研究院旗下有大量的高学历专业人才和产业研究人员，其自身的产业研究和规划能力也在不断提升。在固安产业新城2002年起步阶段，华夏幸福就已聘请了德国、美国等9个国家的40多位规划大师对开发区进行规划设计。早期固安产业新城主要定位于传统制造业，但随着京津产业转移的加快，华夏幸福及时调整了产业定位，引进了生物医疗、航天科技、装备制造等新兴产业，以招商龙头企业为核心，如中国航天科技集团、京东方等，推动产业链上下游集群，不断加快产业升级调整。

（2）招商引资能力是固安产业新城模式的核心

产业发展是产业新城整体业务模式中最为核心的环节，各地政府愿意与华夏幸福合作，除了因为华夏幸福拥有较强的投资能力外，更重要的是其拥有强大的招商引资能力。华夏幸福目前已形成了由产业研究、全球招商、选址服务、圈层营销、资本驱动、产业载体、政策服务及企业服务八大产业服务体系构成的招商模式。

经过十多年的发展，华夏幸福的招商团队规模逐步扩大，从最初的招商中心，到后来的产业发展中心，再到现在专门负责产业促进的产业发展集团，拥有了“全球招商中心”和汇集各行各业资深研究人员的产业研究院。招商人员中，一类是有着丰富园区工作经验的人士，对园区的运营、政企之间的沟通有着丰富的经验和良好的人际关系；另一类则是具有资深行业背景的实战人士，对产业有着专业深刻的理解，能密切掌握各类对口企业的投资动态，并已积累成横跨多个行业的企业客户数据库。

（3）搭建全球科技孵化平台，为产业新城发展添翼

华夏幸福积极在全球范围内整合资源，因地制宜、因势利导地为所在区域打造科技含量高、示范带动强的高端产业集群，积极搭建全球科技孵化平台，注重以创新驱动引领区域经济发展，进一步落实“全球技术—华夏加速—中国创造”的创新发展战略。华夏幸福不断提升产业创新驱动力，并形成强而有力的竞争壁垒，主要做法如下。

①创新驱动：加快与清华大学等科研院所的“产学研”合作，搭建“创新研发、项目孵化、技术转移、支撑服务”四位一体的产学研合作平台；与一百多家研发机构深度对接，共同建设院士工作站、研发实验室等，提升区域产业创新水平。

②孵化驱动：与太库科技创业发展有限公司达成战略合作关系并搭建创新孵化平台，在美国硅谷、以色列特拉维夫、德国柏林、韩国首尔等设立了十余个孵化器；公司下属企业苏州火炬创新创业孵化管理有限公司旗下的创客邦孵化器已在全国三十余个城市布局。

③资本融合：投资控股深圳市伙伴产业服务有限公司，战略投资深圳市城市空间规划建筑设计有限公司，同时与美国康威国际有限公司建立长期的战略合作伙伴关系，以进一步嫁接国内外产业资源、导入产业要素，实现全球范围的产业招商与发展服务。

④龙头驱动：着力聚焦产业集群打造，与奥地利联合钢铁集团、法国佛吉亚集团、宁夏电影集团有限公司、北京稻香村食品有限责任公司、富士康科技集团等世界500强及行业龙头企业开展深度战略合作，以龙头企业为引领，推动产业链上下游企业集聚，形成产业集群。

3.“以人为本”，建设幸福宜居城市

在产业新城的规划、开发和运营过程中，华夏幸福强调“以人为本”的理念，重视将产业新城中生产、生活、生态完美融合到城市的空间规划中。“以人为本”成为华夏幸福产业新城的重要基因，其主要体现在城市发展方面，华夏幸福坚持

“以人为本、可持续发展”的城市发展模式，坚持“活力生长、产城融合、宜居共享、绿色生态”四大标准，并依托“规划、设计、建设、运营”四位一体的城市发展完整体系，系统化地打造、建构资源配置集约、城市设计创新、产业集群示范、多维智慧运营、社区营造完整、公共服务完善、生态环境良好、资源循环利用的产业新城。

固安产业新城在规划建设之初就综合考虑了人与自然、社会的关系，以进行全方位的生态城市构建。随着产业新城的发展，华夏幸福不断加大在城市基础设施、社会配套设施等方面的投资力度，高质量建设水、电、气、道路等基础设施，同时进一步提升教育、医疗等公共服务质量，以实现产业新城内居民的安居乐业。

为满足产业新城内居民生活所需，华夏幸福为固安产业新城打造了一个集购物、餐饮、休闲、娱乐、文化于一体的商业体系——幸福港湾，同时通过不断提升项目经营品质和品牌级次，逐步提升区域价值，幸福港湾已成为固安产业新城商业活力的集聚地。教育配套方面，固安产业新城内全面覆盖九年义务教育、高中教育与职业教育，构建了全龄教育体系，北京八中固安分校、幸福学校、幸福幼儿园等多所知名中小学的建设提升了本地教育质量，实现了与北京教育的共同发展。华夏幸福引入了高水准的医疗资源，构建了多层次的医疗体系，极大地提升了固安城市整体医疗服务水平。

### （六）龙头模式——河南中鹤集团

中鹤集团的全称是河南中鹤现代农业开发集团有限公司，是国家财政参股企业、全国食品工业优秀龙头企业、农业产业化国家重点龙头企业、全国主食加工业示范企业、全国粮油优秀科技创新型企业、河南省开发性金融扶贫示范基地。自 2013 年 9 月起，中鹤集团承担起国家农业综合开发现代农业园区试点项目（河南浚县）和国家农业科技园区核心区（河南鹤壁）的建设任务。中鹤集团的主营业务涉及农业开发、土地流转、集约化种养、粮食收储与粮油贸易、小麦加工产业、玉米加工产业、食品制造产业、零售业、新型城镇化建设、环保与能源等相关产业，并逐步形成了农业产业化全产业链经营发展格局。中鹤集团的产业链条有小麦、玉米等，发展方式有集群自建、联建规模化基地等，订单农户涉及上万人，覆盖区域为安阳、新乡、开封、郑州、周口等县市。

为了推动一、二、三产业融合发展，促进产城融合，中鹤集团在以下几个方面做出了努力。

一是以成熟的工业化模块为基础，解决建设前期的资金问题。即发展农产品加工，拉长了产业链条，形成了产业集聚，使农区工业化得以加速推进。从2008年起，该集团业务范围由玉米深加工拓展到小麦的精深加工。中鹤集团由原来的淇雪淀粉一家加工企业起步，相继建起6家加工企业，其产品种类覆盖7大类200多个品种。同时，集团还成立了中鹤粮油贸易公司，具有70万吨粮食仓储的能力。

二是以土地流转置换和给付特定指标内的免费住宅或超低价住宅，解决农民土地的出让问题。引导农民承包的耕地有序流转，实现规模集约经营，农业现代化水平跨越式提升。中鹤集团在土地流转的具体操作上，不是直接从农民那里流转土地，而是农民首先将承包的耕地流转给镇土地流转中心，再由镇土地流转中心将从农民手中流转来的耕地，转租给中鹤集团。这样做可以通过镇土地流转中心和村委会的对接，降低逐个谈判的交易成本；还可以通过镇土地流转中心的介入，使得合约具有稳定性，避免中鹤集团与农民之间发生直接纠纷。

三是以政府出资和多元化的商业资本为资金来源，建设住宅和商业设施一体的新城镇。顺应土地经营规模、工业化发展大势，新型社区应运而生。按照“以产兴城、以城促产、产城一体”的理念，紧靠粮食精深加工园区，兴建“中鹤新城”，将企业扩张与社区建设捆绑发展。

四是政府正着力于发展现代农业和相关服务业，构建了政府、农民、企业三方的合作体系，这将有助于升级产业。小城镇的建设步伐有序，正在解决农村民生方面的问题。规划中的中鹤新城城市功能齐全，其中政府出资兴建了学校、医院、道路等公共设施，而住宅、商业设施以及水、电、供暖、天然气、光纤等基础设施则由企业负责兴建。

一旦村庄撤销且村民需搬迁至城镇，他们将根据每人至少30平方米的住宅标准获得农村居住地或现有住房的置换。这一过程使农民自然而然地变成城市居民，且生活水平得到提升、居住环境得到改善、生活服务等方面有了保障等，从而有望从根本上解决农村民生问题。

五是基于信息化，将新型工业化作为主引，一起分享产业升级与经济效益的收益。新型的城镇化、工业化以及农业现代化借助信息化平台进行整合，形成了一种互利共生的格局。中鹤集团的城乡一体化模式实现了工业与农业的有机融合，将它们整合为一条产业链，以实现工农一体、产城联动、捆绑发展和互利共生。

### （七）港产城模式——长三角地区

本书选取了南通市、盐城市、连云港市、宁波市、温州市、嘉兴市、舟山市、台州市和上海市共九个港口城市 2010 年到 2018 年 9 年间港口、产业和城市三个子系统的时间序列数据。原始数据来源于各个地区 2010—2018 年的《中国港口年鉴》《中国城市年鉴》和长三角沿海城市的地区统计年鉴及统计局数据，部分缺失数据采用了统计学方法计算补齐。

根据本书前面所述的环渤海地区的知识理论，通过一系列的评价指标体系与耦合协调模型的构建，可以得出长三角地区的港口、产业、城市协调发展水平，下面进行简要分析。

1. 长三角沿海地区港产城融合发展评价结果及分析

（1）港产城三子系统综合发展水平评价结果及分析

经计算，南通市、连云港市、盐城市等沿海九市 9 年间港产城各子系统评价指标得分如图 5-5-1、图 5-5-2、图 5-5-3 所示，可以看出长三角沿海九个城市的港口、产业和城市三个子系统的得分总体呈上升趋势。然而，这三个子系统的增长幅度并不显著。上海市在三个子系统的得分都明显高于其他长三角沿海城市，且增长幅度显著。这说明上海市的港口、产业与城市三方面的发展水平都较高，发展动力充沛。出现这一现象的原因为，上海市在港口子系统中，港口规模大且港口各项能力强；在产业子系统中，上海市的第二、三产业增加值高且增长速度快，包括科研水平及产业专利在内的产业创造力强；在城市子系统中，上海市人口总数多，劳动力充足，在社会消费与教育方面处于高水平阶段。就三个子系统的增速而言，除上海市增速较高外，其他长三角沿海城市有增长，但增速慢。对比三个子系统，产业子系统的得分普遍更高一点，这说明了在 2010—2018 年间，长三角沿海城市的产业在港产城系统中扮演了主要的角色，各地区产业集群效果明显。在这些沿海城市中，舟山市的港口子系统虽强，但产业子系统与城市子系统的得分较低且增长势头缓慢，原因可能是舟山市相比于其他长三角沿海城市来说，人口规模小且占地面积小，科研创新能力不足，二、三产业的企业数量少，总产值不高，产业集群效果不佳，与其他长三角沿海城市融合协调发展较困难。

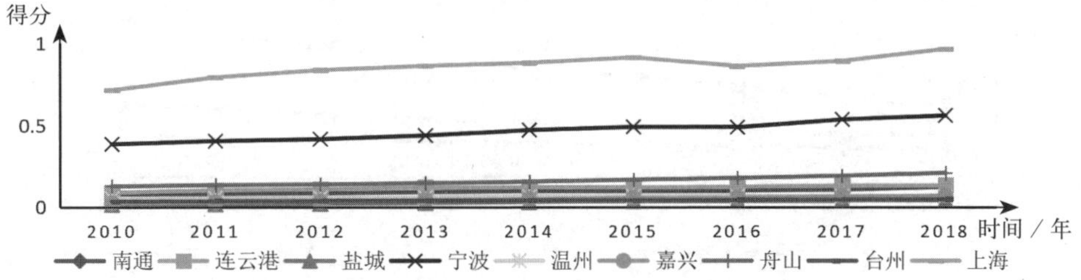


**图 5-5-1　港口子系统发展水平综合评价结果**

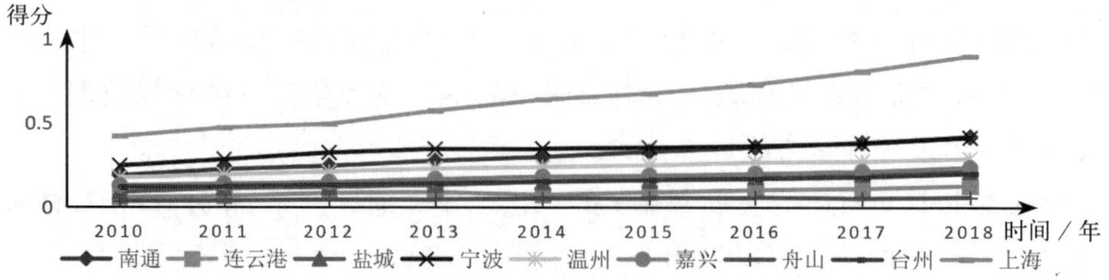


**图 5-5-2　产业子系统发展水平综合评价结果**

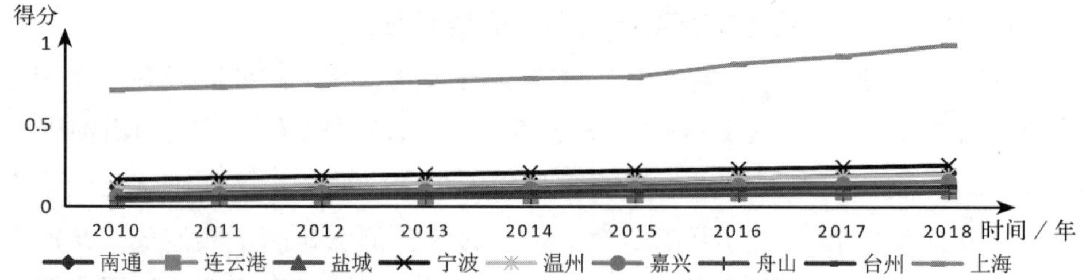


**图 5-5-3　城市子系统发展水平综合评价结果**

综上所述，长三角沿海九市的三子系统总体是上升的。上海市在三子系统上都处于领先地位，宁波市、温州市和嘉兴市紧随其后，而其他城市水平较低。在增长幅度上，除上海市外，其他城市增长并不明显。在三子系统中，产业子系统综合水平更高，发挥着不可替代的作用。

（2）长三角沿海地区各子系统综合发展水平评价结果及分析

本书选取了南通市、宁波市、上海市这三个典型城市作为代表进行具体分析。经计算，它们的港口、产业、城市各子系统评价指标得分如图 5–5–4、图 5–5–5、图 5–5–6 所示。

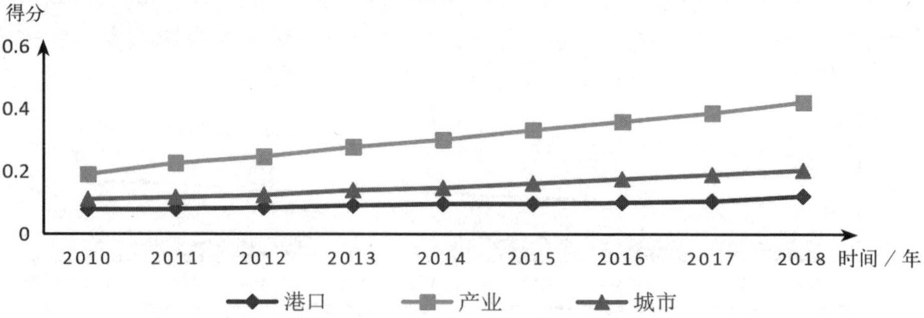


**图 5-5-4　南通市各子系统发展水平综合评价结果**

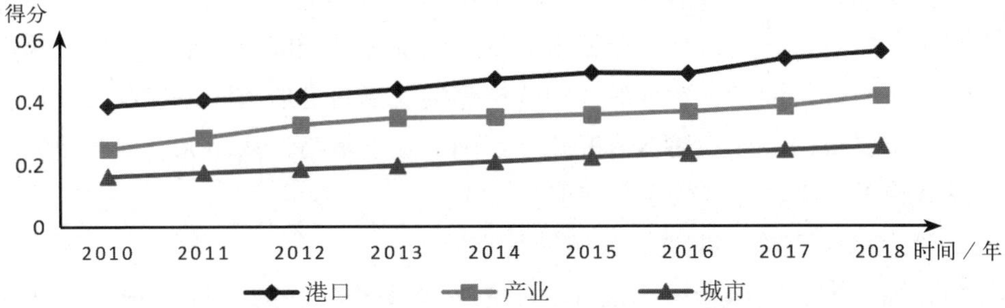


**图 5-5-5　宁波市各子系统发展水平综合评价结果**

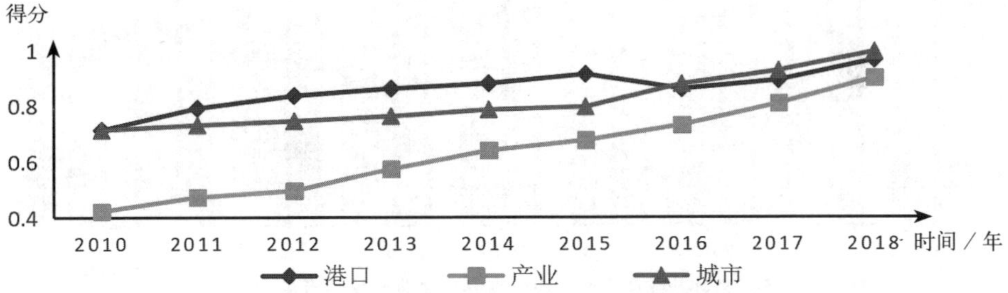


**图 5-5-6　上海市各子系统发展水平综合评价结果**

由图可得三市的得分总趋势是上升的。上海市的三子系统协调度高，说明三子系统不断协调发展且越来越呈融合态势。但上海市的港口子系统得分在 2016 年发生下滑，值得注意。通过分析上文评价系统的指标，再结合上海市 2016 年港口数据，不难看出，上海市的港口规模与港口吞吐量有所缩减，导致港口子系统得分降低。南通市的三子系统都逐步发展，但产业子系统得分明显高于其他两项，属于这种情况的还有温州市、嘉兴市、台州市，这表明产业在发展中占主要地位，可以通过产业带动港口和城市发展。如果在发展产业的同时，还着重发展港口与城市，就能充分发挥综合效益。此外，南通市的港口子系统得分较低，这可能是由南通市港口吞吐量较低造成的，因此需要大力扶持南通市港口的发展，推动港口经济繁荣，扩大南通市港口规模。宁波市的港口子系统得分大于城市子系统得分与产业子系统得分，港口的规模与吞吐量发展较为突出，其港口是主要依托，但也不能忽略产业与城市的作用。宁波市产业、城市薄弱的关键在于产业创新性、创造力不足，城市经济发展不充分。

综上所述，长三角各沿海城市的各子系统总体还是在发展的，但上海市等城市出现了一些短暂下跌，且各个城市的发展状况各不相同。例如，南通市等产业发展领先，城市与港口相对落后；宁波市等则是港口发展第一，产业与城市相对滞后。各市要根据自身的具体情况做出正确的发展策略，从而促进港产城三项子系统发展趋于同步，将差距逐步缩小。

（3）港产城耦合协调度计算结果及分析

经计算，港产城耦合协调度计算结果如图 5-5-7、图 5-5-8 所示，从左至右依次为南通、连云港、盐城、宁波、温州、嘉兴、舟山、台州、上海。

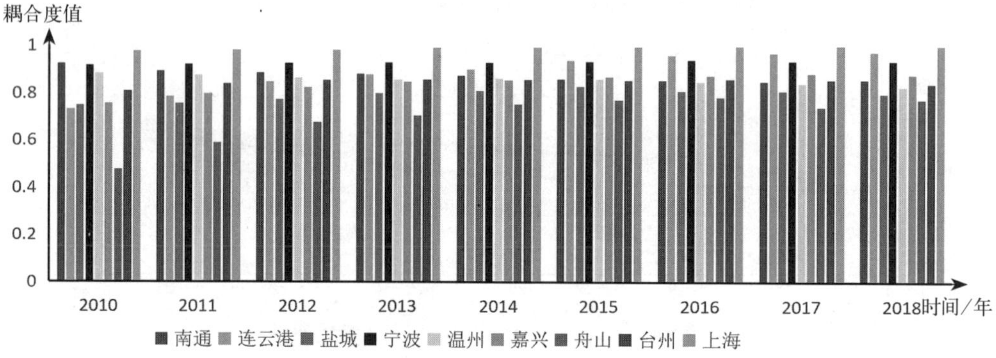


**图 5-5-7　2010—2018 年长三角沿海九市港产城耦合度计算结果**

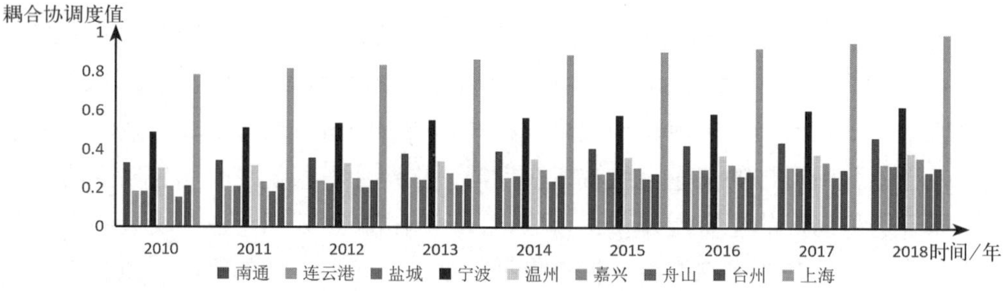


**图 5-5-8　2010—2018 年长三角沿海九市港产城耦合协调度计算结果**

根据港产城的耦合度计算结果，舟山市的耦合度相对较低，而其他城市则表现出相对较高的耦合度，并且都呈不断提高的态势。其中，上海市的耦合度最高，在 2010 年耦合度值就已经接近于 1，这说明上海市已经处于高水平耦合状态，并在 2017 年达到有序状态，且港产城融合发展程度高，三子系统互动性强、动态性强，发展处于健康水平。舟山市的耦合度值最低，到 2018 年也仅有 0.773，处于磨合耦合状态。总的来说，各城市的耦合度都在不断上升，呈发展态势，差距也逐渐缩小。从耦合协调度方面来看，上海市仍然独占鳌头，耦合协调度值最高，历年来一直保持在高水平耦合与有序状态中。其次是宁波市、南通市。其他六市虽然耦合协调度值较低，处于不同程度的耦合状态，但也在稳步提高，有望改善成为高水平耦合状态。舟山市的发展也较为可观，由颉颃耦合转向了磨合耦合，依托自身各种优势逐渐走上了健康的发展道路。

从港产城耦合协调度计算结果来看，仍然是上海市位列第一，自 2010 年以来一直保持协调状态；宁波市紧随其后，在 2011 年转为勉强协调；其他城市均处于不同程度的失调状态。在发展趋势上，各城市步调一致，耦合协调程度向好发展。问题较大的是舟山市与温州市。舟山市发展较快，由严重失调过渡到中度失调，势头良好，但初始耦合协调度值最低，仅为 0.153，表明舟山市三子系统发展并不协调，原因是多方面的，既有港口、产业、城市的各要素发展缓慢，也有三者相互融合的进程受阻，其发展有很大的提升空间。温州市的问题明显，就是耦合协调度值增长缓慢，从 2010 年到 2018 年九年间，仅增长 0.82，其耦合协调程度一直处在轻度失调。发展迟缓可能是针对性发展措施较少，导致港产城三子系统的协调融合进度缓慢。

综上可以看出，长三角沿海城市的区域协调性在不断提升，各城市越来越成为紧密的联合体，一体化程度有所提高。与此同时，问题也十分明显，一是上海的各项结果都远远高于其他长三角沿海城市，区域发展差异大，可能会导致集群效益的丢失，应注重整体的协调发展，而不能只注重一市的独立发展，要强调长三角城市群的区域协调发展作用。二是融合发展进程慢，应该针对不同情况的城市提出具有专业性与针对性的措施，加快融合速度。

（4）港产耦合协调度计算结果及分析

经计算，2010—2018 年上海市、南通市、温州市和盐城市港产耦合协调计算结果如表 5−5−1、表 5−5−2、表 5−5−3 所示。

港口与产业的兴衰事关整个沿海城市的发展，在经济中起到急先锋与领头羊的作用，若将两者融合发展，必定能对所在城市及整个城市群的综合发展起到推动作用。从表 5−5−1 中可知，上海市一直处于协调状态，港口与产业耦合协调度高。原因可能是上海市经济发展历史悠久，地理位置优越，港口的规模与吞吐量大，且能够整合的资源多，产业链完善，产业创造力强。

表 5-5-1 2010—2018 年上海市港产耦合协调度计算结果

| 地区 | 时间 / 年 | 耦合度 $C$ 值 | 协调指数 $T$ 值 | 耦合协调度 $D$ 值 | 协调等级 | 耦合协调程度 |
|---|---|---|---|---|---|---|
| 上海 | 2010 | 0.971 | 0.591 | 0.757 | 8 | 中级协调 |
| | 2011 | 0.973 | 0.659 | 0.801 | 9 | 良好协调 |
| | 2012 | 0.972 | 0.695 | 0.822 | 9 | 良好协调 |
| | 2013 | 0.985 | 0.753 | 0.861 | 9 | 良好协调 |
| | 2014 | 0.992 | 0.8 | 0.891 | 9 | 良好协调 |
| | 2015 | 0.993 | 0.838 | 0.912 | 10 | 优质协调 |
| | 2016 | 0.999 | 0.842 | 0.917 | 10 | 优质协调 |
| | 2017 | 1 | 0.901 | 0.949 | 10 | 优质协调 |
| | 2018 | 1 | 0.99 | 0.995 | 10 | 优质协调 |

南通市、温州市处于第二梯队，在 2014 年，南通市已达到濒临失调状态，发展稳中向好；温州市在 2010 年到 2018 年的港产数据中，一直处于轻度失调中，协调等级未变，耦合协调度水平高但发展速度较慢，其原因可能是港产间相互吸引、相互融合的水平不高，港口与产业各自发展，联系较少。南通市和温州市的耦合度 $C$ 值有所下降，说明两市港口、产业各自的协调程度有所降低，值得注意。具体数据如表 5–5–2 所示。

表 5-5-2 2010-2018 年南通市与温州市港产耦合协调度计算结果

| 地区 | 时间 / 年 | 耦合度 $C$ 值 | 协调指数 $T$ 值 | 耦合协调度 $D$ 值 | 协调等级 | 耦合协调程度 |
|---|---|---|---|---|---|---|
| 南通 | 2010 | 0.91 | 0.131 | 0.345 | 4 | 轻度失调 |
| | 2011 | 0.874 | 0.152 | 0.364 | 4 | 轻度失调 |
| | 2012 | 0.864 | 0.166 | 0.378 | 4 | 轻度失调 |

（续表）

| 地区 | 时间／年 | 耦合度 C 值 | 协调指数 T 值 | 耦合协调度 D 值 | 协调等级 | 耦合协调程度 |
|---|---|---|---|---|---|---|
| 南通 | 2013 | 0.853 | 0.187 | 0.399 | 4 | 轻度失调 |
| | 2014 | 0.846 | 0.202 | 0.414 | 5 | 濒临失调 |
| | 2015 | 0.823 | 0.22 | 0.426 | 5 | 濒临失调 |
| | 2016 | 0.812 | 0.237 | 0.439 | 5 | 濒临失调 |
| | 2017 | 0.805 | 0.256 | 0.454 | 5 | 濒临失调 |
| | 2018 | 0.818 | 0.284 | 0.482 | 5 | 濒临失调 |
| 温州 | 2010 | 0.837 | 0.11 | 0.303 | 4 | 轻度失调 |
| | 2011 | 0.825 | 0.121 | 0.316 | 4 | 轻度失调 |
| | 2012 | 0.808 | 0.132 | 0.327 | 4 | 轻度失调 |
| | 2013 | 0.798 | 0.144 | 0.339 | 4 | 轻度失调 |
| | 2014 | 0.804 | 0.152 | 0.349 | 4 | 轻度失调 |
| | 2015 | 0.798 | 0.159 | 0.356 | 4 | 轻度失调 |
| | 2016 | 0.781 | 0.168 | 0.363 | 4 | 轻度失调 |
| | 2017 | 0.774 | 0.171 | 0.364 | 4 | 轻度失调 |
| | 2018 | 0.749 | 0.18 | 0.367 | 4 | 轻度失调 |

除上述城市外，如表 5-5-3 所示，盐城市从 2010 年的严重失调变为 2018 年的中度失调，耦合协调度初始水平低但增速快，积极向协调发展的方向靠拢，其原因可能是该市大力发展港口产业，推进产业集群，从而产生集群效应，这为其他城市的港产协调发展起到了正面示范作用。

表 5-5-3　2010—2018 年盐城市港产耦合协调度计算结果

| 地区 | 时间／年 | 耦合度 C 值 | 协调指数 T 值 | 耦合协调度 D 值 | 协调等级 | 耦合协调程度 |
|---|---|---|---|---|---|---|
| 盐城 | 2010 | 0.65 | 0.042 | 0.165 | 2 | 严重失调 |
| | 2011 | 0.654 | 0.055 | 0.19 | 2 | 严重失调 |
| | 2012 | 0.682 | 0.061 | 0.205 | 3 | 中度失调 |
| | 2013 | 0.716 | 0.071 | 0.225 | 3 | 中度失调 |
| | 2014 | 0.729 | 0.084 | 0.248 | 3 | 中度失调 |
| | 2015 | 0.757 | 0.092 | 0.265 | 3 | 中度失调 |
| | 2016 | 0.729 | 0.105 | 0.277 | 3 | 中度失调 |
| | 2017 | 0.726 | 0.116 | 0.29 | 3 | 中度失调 |
| | 2018 | 0.713 | 0.125 | 0.299 | 3 | 中度失调 |

将 2010 年与 2018 年这两年所有涉及的城市耦合协调度相比，可以看出，无论是上海市还是温州市、台州市，都有或大或小的增长，这说明在九年间，长三角沿海各市均不同程度的依托各自的优势，加强经济发展与港产联合，使长三角区域协调发展、繁荣向好。长三角地区部分沿海城市起步较晚，融合发展初始水平低，城市间差异显著，结合上文构建的评价指标体系，综合分析其原因可能是各沿海城市的港口初始规模不同，港口能力参差不齐；各沿海城市对于提高科研与产业规模的态度与具体举措也不尽相同。依托有利地形与位置，各沿海城市港口与产业间整合协调发展，促进自身发展，又使城市群相互补充、相互发展，从而促进了整个长三角地区的发展。

（5）产城耦合协调度计算结果及分析

经计算，2010—2018 年上海市和宁波市产城耦合协调计算结果如表 5–5–4 和表 5–5–5 所示。

产业的发展离不开城市的繁荣，城市的强盛也离不开产业的促进，两者是相互协调、相互依赖的。从表 5—5—4 中可以看出上海市一直保持着协调状态，由 2010 年的中级协调发展到 2018 年的优质协调。究其原因，不外乎是上海的产业集群效应明显，城市的劳动力、资本、科技都处于较高水平，产业与城市间的吸引力大，融合发展所遇到的阻力较少。

**表 5-5-4　2010—2018 年上海市产城耦合协调度计算结果**

| 地区 | 时间／年 | 耦合度 $C$ 值 | 协调指数 $T$ 值 | 耦合协调度 $D$ 值 | 协调等级 | 耦合协调程度 |
|---|---|---|---|---|---|---|
| 上海 | 2010 | 0.975 | 0.577 | 0.75 | 8 | 中级协调 |
| | 2011 | 0.984 | 0.614 | 0.777 | 8 | 中级协调 |
| | 2012 | 0.987 | 0.634 | 0.791 | 8 | 中级协调 |
| | 2013 | 0.995 | 0.688 | 0.827 | 9 | 良好协调 |
| | 2014 | 0.998 | 0.737 | 0.858 | 9 | 良好协调 |
| | 2015 | 0.999 | 0.763 | 0.874 | 9 | 良好协调 |
| | 2016 | 0.999 | 0.836 | 0.914 | 10 | 优质协调 |
| | 2017 | 1 | 0.904 | 0.951 | 10 | 优质协调 |
| | 2018 | 1 | 0.99 | 0.995 | 10 | 优质协调 |

由表 5—5—5 可知，宁波市在 2013 年由之前的濒临失调发展为勉强协调，并一直保持协调状态，其产城融合发展有了质的改变，虽然不如上海市，但也值得肯定。该市产城融合发展的重要原因是科研支出增加，促进了产业创新发展，为产业提供了新增长点，同时促进了城市科技水平提高；各项政策措施的落实拉动了社会消费，加快了产城融合。其他长三角沿海城市还是处于不同程度的失调状态，虽然是失调，但发展是不间断的，如连云港市从最初的严重失调逐步发展为轻度失调，嘉兴市由最初的中度失调转变为濒临失调，各市都朝着高水平的耦合协调程度努力，值得赞扬。

表 5-5-5　2010—2018 年宁波市产城耦合协调度计算结果

| 地区 | 时间 / 年 | 耦合度 $C$ 值 | 协调指数 $T$ 值 | 耦合协调度 $D$ 值 | 协调等级 | 耦合协调程度 |
|---|---|---|---|---|---|---|
| 宁波 | 2010 | 0.958 | 0.194 | 0.431 | 5 | 濒临失调 |
| | 2011 | 0.948 | 0.222 | 0.458 | 5 | 濒临失调 |
| | 2012 | 0.936 | 0.25 | 0.484 | 5 | 濒临失调 |
| | 2013 | 0.935 | 0.268 | 0.501 | 6 | 勉强协调 |
| | 2014 | 0.945 | 0.276 | 0.511 | 6 | 勉强协调 |
| | 2015 | 0.953 | 0.287 | 0.523 | 6 | 勉强协调 |
| | 2016 | 0.957 | 0.298 | 0.534 | 6 | 勉强协调 |
| | 2017 | 0.958 | 0.313 | 0.547 | 6 | 勉强协调 |
| | 2018 | 0.953 | 0.338 | 0.568 | 6 | 勉强协调 |

综上，对比 2010 年和 2018 年这两年所有长三角沿海城市的耦合协调度 $D$ 值，不难看出都是增长的，这些发展都得益于区域协调发展战略的逐步实施。在这个区域协调发展时期，谁拥抱了融合谁也就拥有了发展。许多长三角沿海城市在产城融合方面虽然初始耦合协调程度低，且各城市融合发展水平与速度不一，但是产城融合的趋势是不断发展的，总体的发展是稳中向好的。长三角各沿海城市能够依托科技创新、政策支持和人口红利等各种有利因素，持续推进产城融合发展。

（6）港城耦合协调度计算结果及分析

经计算，2010—2018 年上海市、宁波市、台州市和温州市的港城耦合协调计算结果如表 5-5-6、表 5-5-7、表 5-5-8 所示。

港口与城市是发展经济的两个重要环节。从地理位置方面看，港口与城市相连接，有着不可替代的联系。港城间的良性互动能极大推动城市自我发展，这也是沿海城市的绝对优势与独特之处。从表 5-5-6 中看，上海市的港城耦合协调程度自 2010 年的良好协调发展到了 2018 年的优质协调，其港城融合发展水平已趋于顶峰，这其中的关键在于上海市大力发展港口与城市的各要素，以各要素进步驱动港城总体融合发展。因为上海市的港城耦合协调程度一直在良好协调及以上，所以这给其他长三角沿海城市起到了示范带头作用。由上海市向内、向附近辐射，就能连成一片，即整个长三角地区，并推动港城协调发展。但要想实现港城间的可持续发展，就要有繁荣景象下的忧患意识。上海市的港口与城市虽然已有齐头并进的格局出现，但也要有所侧重，即要以港口为重点；港城产生差距后又会产生新的驱动力，带动城市纵深发展，如此循环往复，推进上海市在优质协调上更进一步。

**表 5-5-6　2010—2018 年上海市港城耦合协调度计算结果**

| 地区 | 时间／年 | 耦合度 $C$ 值 | 协调指数 $T$ 值 | 耦合协调度 $D$ 值 | 协调等级 | 耦合协调程度 |
|---|---|---|---|---|---|---|
| 上海 | 2010 | 1 | 0.719 | 0.848 | 9 | 良好协调 |
| | 2011 | 0.998 | 0.768 | 0.875 | 9 | 良好协调 |
| | 2012 | 0.997 | 0.798 | 0.892 | 9 | 良好协调 |
| | 2013 | 0.997 | 0.82 | 0.904 | 10 | 优质协调 |
| | 2014 | 0.997 | 0.841 | 0.916 | 10 | 优质协调 |
| | 2015 | 0.996 | 0.863 | 0.927 | 10 | 优质协调 |
| | 2016 | 1 | 0.878 | 0.937 | 10 | 优质协调 |
| | 2017 | 1 | 0.918 | 0.958 | 10 | 优质协调 |
| | 2018 | 1 | 0.99 | 0.995 | 10 | 优质协调 |

从表 5-5-7 中可以看出，宁波市在 2012 年已转为勉强协调，后又在 2018 年转为初级协调，仅在 2010 年和 2011 年处于失调状态。可见其港城融合发展的水平与速度突出，其原因可能是其在 2012 年大力推行拓市场、调结构的经济政策，并且宁波市有着海上丝绸之路东方始发港之一——宁波港，近年来宁波市政府不断推动宁波港的建设，促进城市与港口融合发展，实施经济强市、人才强市的战略。

表 5-5-7　2010—2018 年宁波市港城耦合协调度计算结果

| 地区 | 时间 / 年 | 耦合度 $C$ 值 | 协调指数 $T$ 值 | 耦合协调度 $D$ 值 | 协调等级 | 耦合协调程度 |
|---|---|---|---|---|---|---|
| 宁波 | 2010 | 0.878 | 0.266 | 0.483 | 5 | 濒临失调 |
| | 2011 | 0.886 | 0.282 | 0.5 | 5 | 濒临失调 |
| | 2012 | 0.895 | 0.293 | 0.512 | 6 | 勉强协调 |
| | 2013 | 0.897 | 0.31 | 0.528 | 6 | 勉强协调 |
| | 2014 | 0.897 | 0.333 | 0.546 | 6 | 勉强协调 |
| | 2015 | 0.903 | 0.35 | 0.563 | 6 | 勉强协调 |
| | 2016 | 0.914 | 0.355 | 0.569 | 6 | 勉强协调 |
| | 2017 | 0.907 | 0.385 | 0.591 | 6 | 勉强协调 |
| | 2018 | 0.909 | 0.404 | 0.606 | 7 | 初级协调 |

除上海市和宁波市外，其他长三角沿海城市的港城耦合协调程度在这 9 年内都处于失调状态，但这并不意味着它们会以失调为始终，从另一角度看，这些城市在港城融合发展上还有很大空间，并且其总体趋势也是向好的。例如，台州市的港城耦合协调程度由严重失调过渡到了中度失调，$D$ 值与 $T$ 值逐年上涨；温州市也由 2010 年的中度失调过渡到轻度失调，除 $C$ 值有波动外，$D$ 值与 $T$ 值也逐年上涨。$C$ 值的波动说明温州市的港口与城市间的相互作用在 2010—2018 年间有高有低，但以高水平耦合为主。具体如表 5—5—8 所示。

表 5-5-8　2010—2018 年台州市和温州市港城耦合协调度计算结果

| 地区 | 时间 / 年 | 耦合度 $C$ 值 | 协调指数 $T$ 值 | 耦合协调度 $D$ 值 | 协调等级 | 耦合协调程度 |
|---|---|---|---|---|---|---|
| 台州 | 2010 | 0.995 | 0.029 | 0.169 | 2 | 严重失调 |
| | 2011 | 1 | 0.033 | 0.183 | 2 | 严重失调 |

（续表）

| 地区 | 时间／年 | 耦合度 $C$ 值 | 协调指数 $T$ 值 | 耦合协调度 $D$ 值 | 协调等级 | 耦合协调程度 |
| --- | --- | --- | --- | --- | --- | --- |
| 台州 | 2012 | 0.995 | 0.039 | 0.197 | 2 | 严重失调 |
| | 2013 | 0.984 | 0.044 | 0.208 | 3 | 中度失调 |
| | 2014 | 0.967 | 0.051 | 0.222 | 3 | 中度失调 |
| | 2015 | 0.948 | 0.057 | 0.232 | 3 | 中度失调 |
| | 2016 | 0.936 | 0.063 | 0.243 | 3 | 中度失调 |
| | 2017 | 0.926 | 0.069 | 0.252 | 3 | 中度失调 |
| | 2018 | 0.921 | 0.073 | 0.259 | 3 | 中度失调 |
| 温州 | 2010 | 0.96 | 0.069 | 0.258 | 3 | 中度失调 |
| | 2011 | 0.953 | 0.075 | 0.268 | 3 | 中度失调 |
| | 2012 | 0.944 | 0.081 | 0.277 | 3 | 中度失调 |
| | 2013 | 0.937 | 0.088 | 0.287 | 3 | 中度失调 |
| | 2014 | 0.935 | 0.096 | 0.299 | 3 | 中度失调 |
| | 2015 | 0.922 | 0.103 | 0.308 | 4 | 轻度失调 |
| | 2016 | 0.907 | 0.109 | 0.315 | 4 | 轻度失调 |
| | 2017 | 0.894 | 0.114 | 0.319 | 4 | 轻度失调 |
| | 2018 | 0.873 | 0.119 | 0.322 | 4 | 轻度失调 |

综上所述，长三角沿海各城市在港城融合方面既有进步性，又有局限性。进步性在于突破了传统的独立发展格局；局限性在于各城市的港城融合步调不一，其发展水平与速度也不协调，缺乏统一的领导与指挥。要想使长三角沿海城市更

进一步的提高，就必须保持优势，并破除局限，打破单点独立发展的僵局，形成联动新格局。

2．长三角沿海地区发展的问题及对策

（1）长三角沿海地区发展的问题

1）综合发展水平方面的问题

结合上文各城市港产城各子系统的综合发展水平结果来看，长三角沿海地区的三子系统总体是上升的，但也存在着综合发展水平增速迟缓、城市之间综合水平发展差异过大和城市内港产城各子系统综合发展水平不均等问题。

在综合发展水平上，我们可以把长三角沿海九市简单分为三个类型。一是综合发展水平高的城市，主要是上海市。上海市在港口、产业、城市三子系统中，都有绝对的优势。二是综合发展水平一般的城市，主要有宁波市和南通市。这两个城市的综合发展水平在长三角沿海地区处于中游地位，但也出现了港产城三子系统综合发展水平差异大的问题。三是综合发展水平较低的城市，包括连云港市、盐城市、温州市、嘉兴市、舟山市和台州市。这些城市在长三角沿海地区综合发展水平处于落后地位，需要尽快解决其发展水平低、增速慢的问题。

2）耦合协调度方面的问题

结合上文各城市港产城及港产、产城、港城的耦合度和耦合协调度结果来看，长三角沿海地区的港产城的耦合度、耦合协调度呈良好态势，这表明长三角沿海九市的港口、产业、城市协调发展水平与动态关联性强。但问题也很突出，即各个城市的港产城耦合协调度差异大，港口、产业、城市的融合与协调发展水平与速度不一，导致各区域各城市联系不紧密，相互影响力与作用力薄弱。

在港产城耦合协调度上，可以把长三角沿海九市简单分为三个类型。一是港产城耦合协调度高的城市，包括上海市。通过上文的数据可以看出，上海市的港产城及港产、产城、港产的耦合协调程度都达到协调，但缺乏辐射带动作用，外溢效应延伸不足。二是港产城耦合协调度一般的城市，包括宁波市和南通市。它们的大部分耦合协调程度是从失调转向协调，发展需要稳固与加强。三是耦合协调度较低的城市，包括连云港市、盐城市、温州市、嘉兴市、舟山市和台州市。它们的主要问题是港产城耦合协调多数处于失调状态，即港口、产业、城市三子系统或两两之间大部分都没有做到良好的协调与动态关联。

（2）长三角沿海地区发展的对策

1）综合发展水平方面的对策

针对长三角沿海地区综合发展水平增速迟缓与城市内港产城各子系统综合发

展水平不均的问题，港口的各项能力需要得到提高。通过港口的辐射带动作用，促进各种资源和要素在不同产业和城市之间的自由流动，从而提升产业和城市的竞争力形成以港口为载体的区域物流网络，能够使整个地区实现资源共享。通过激发产业的创新能力，推动产业集聚，提升城市的经济弹性，进而推动港产城在融合发展方面发挥内在的驱动力。利用城市的人口红利、资本和技术等要素培育城市经济新的增长点，为港口与产业增加需求与市场。对于城市之间综合水平发展强弱不均的现象，要围绕港产城融合发展建设，坚持区域协调发展战略，全力打造长三角沿海地区新“增长极”，支持长三角沿海城市与上海全方位合作和深度融合发展，以此缩小差距，解决发展不均的问题。

对于上海市、宁波市和南通市，要保持和尽力提升当前的综合发展水平，以更高要求来衡量港产城的经济发展。对于连云港市和盐城市等综合发展水平较低的城市，要积极借鉴上海市的优秀发展经验，结合城市自身的实际情况，推陈出新，找到适合自己的发展道路。

2）耦合协调度方面的对策

对于各个城市的港产城耦合协调度差异大，港口、产业、城市的融合与协调发展水平与速度不一的问题，要以港口为重点、产业为依托、城市为保障，建设港口产业集群。产业集群效应对港口的规模发展和对城市的支撑维护都起到了不可替代的作用。产业集群大大加强了港产城的动态联系，从而可以打破地理区域限制。各地政府应利用各城市的港口产业集群将长三角沿海地区联动起来，形成城市的集群协调发展格局。

上海市虽然在港产城及两者之间的耦合协调程度上均协调，但缺乏地区间的辐射带动作用。政府要通过上海市港产城发展的成功经验，打造长三角沿海地区的先行示范区。上海市的确在长三角沿海地区已经为领头羊，但从长远、可持续发展的角度上来说，其在港产城三子系统协调发展同时，也要有发展的重点，即应以港口子系统为整个港产城的重点，从而在发展过程中产生新的差距，这便是新的发展驱动点。产业与城市以此为新动能，逐步追赶差距，形成新的更深层次的协调，如此循环往复，以螺旋式上升为主要发展形态，实现高质量、可持续的港产城融合发展。其他港产城耦合协调度一般或较低的城市如南通市、温州市等，要大力学习现代化发展体制，注重港产城的交互性与关联性，发挥各自的内在优势推动整体优化发展，经济上朝着上海示范区靠拢，以点带面，推进港产城融合发展。

## 第六节　我国产城融合发展的经验

### 一、立足于产业的培育和聚集

固安产业新城的“产城融合”做得好，入驻的企业多，这是固安崛起的有利条件。产业的成功培育，一方面增加了就业机会，另一方面带动了财政收入的增加，地方政府有了资金，可以更好地开展基础设施配套工作、提供更好的公共服务，这样就有利于引进更多的人才、企业、产业，最终形成“产”与“城”的良性循环。

### 二、要体现“以人为本”

在固安的“产城融合”实践中，其不仅重视对产业的选择与升级，还从以人为本的角度考虑其可持续发展的问题。即以交通环境的改善为先导，通过“产城融合”理念，建设配套基础设施，实现生态环境的持续提升。固安产业新城坚持产城融合理念，按照“公园城市、休闲街区、儿童优先、产业聚集”的规划要求，打造了独具前瞻性、创新性的“未来城市试验区”，使得行政办公、商务金融、会议展览、文化娱乐、商贸物流等城市功能相继完善。固安产业新城建设完成了中央公园、城市环线绿廊、孔雀大湖、大广带状公园、永定河运动公园等，形成“一核一环两廊多片”的城市景观体系，实现了生态环境的持续提升，从而助力了产城融合可持续发展。

### 三、更好地理顺政府与企业的关系

固安产业新城是我国的一个成功案例，它采用了PPP模式，建立了利益共享、风险共担的机制。这种模式不仅确保了政策的连续性和稳定性，而且实现了效率的最大化和最优化。经过多年的发展，固安产业新城的机制模式不断优化，从早期的固安工业园到现在的固安产业新城，再到未来的固安创新城市，固安发展定位的每一次提升都源于以PPP为核心的机制模式驱动的产业发展和城市升级。这种模式的成功实践，不仅为当地经济发展带来了巨大的推动力，还为其他地区提供了可借鉴的经验。通过市场化运作和政府的有效监管，PPP模式可以更好地发挥政府和市场的作用，实现资源的最优配置和社会效益的最大化。在未来，固安产业新城将继续优化机制模式，推动产业和城市的持续发展，为更多地区提供可复制的经验。

## 第七节　我国产城融合发展的问题及策略

### 一、我国产城融合发展的问题

我国有些地区已形成产城融合发展初步形态，不过从总体上看，我国在产城融合发展过程中还存在诸多不足，需要高度重视。

#### （一）部分地区产业区与城区过度分离

产业区与城区过度分离主要分为两种情况：一是区域工业化快于城镇化；二是区域城镇化快于工业化。针对这两种情况，产城融合缺乏相应的动力机制及保障措施。

就部分区域工业化快于城镇化这种情况来说，开发区和多数城镇发展是产业先行，但是产业规模、效益依然有待提升，产业发展创造就业、吸引人口、增加财富的效应有待增强。同时，公共服务配套能力不强，新城与园区的生产生活服务配套能力不够强，生活与公共服务在方便方面也不够高。此外，一些开发区和周边城镇之间在建设上缺乏协调性，有的开发区仍然停留在工业区模式，并没有居住与服务配套的基本设施。这些问题对于产城融合的影响还是比较大的。

就部分区域城镇化快于工业化这种情况来说，中心城区部分区域、部分新城与园区的开发建设力度比较大，居住空间也大，然而缺乏产业及人口支撑。近些年来，以外来人口增长为主的态势有所减缓，人口增幅下降，高素质劳动人口比例相对较低，人口集聚能力不足，对产业发展、城镇服务需求等有一定程度的影响。

产业区与城区过度分离的原因主要包括以下两个方面。

①规划理念存在误差。通过将功能区划分并布局在不同的区域，可以更方便地实现相同或相似用途地块之间的连接以及合作，防止不一样的目的地块之间互相影响，并解决因工业生产造成的污染影响城市总体环境的问题。随着城市产业的演变，产业区同别的城镇空间之间的关系由互相影响逐渐演变为互相连接，这也将导致产业区在空间布局上发生转型。在当今高速发展的科技社会中，一些高

新技术与生产型服务等领域已经可以同居住区完美整合，让传统居住区域里面的住宅同城市其他职能空间得以混合利用，进而让工作环境与居住环境之间的关系变得密切。倘若固守老旧的“产业功能分区”理论，在一定程度上就会限制产业转型与升级。这种思想影响下，住宅区的选址就会和城镇结构不匹配，在一定程度上阻碍城市与产业的融合发展。

②在城市发展中存在一些不合适的策略。首先，一些地区为了争取更多建设用地指标，将产业区和新区分隔开来，独立规划和管理，并单独计算用地指标。这种做法可能对未来区域的整体协调发展和产城融合发展带来隐患，同时也会助长土地的不合理利用风气。其次，当公共设施建设的时候，商业和商务办公设施通常建设速度较为迅速，但是公共设施建设相对而言就较为缓慢。例如，常州一些地方的公共设施建设就较为滞后，特别是医疗设施与教育设施。再次，非常多的购房者认为新区非常保值，并且有可能会增值，于是购买当作交易，导致许多房屋没有人住，新区的公共设施滞后问题更加严重，进一步形成了负面循环。即使现今产城融合发展受到广泛关注，但因为产业与城市进行整合牵涉到多方面政策，尚未出台真实有效的法律政策来促进发展，因此产城融合依旧需要一定时间来实现。

**（二）城区公共服务业集聚过多，功能过于相似**

即使全市的公共服务供给能力明显有了提升，也主要集中在城市中心区。举例来说，市区百分之九十以上大中型零售商业主要分布于城市中心区，并且许多高质量的中小学与优质医院也同样分布在城市中心区。公共资源主要还是分布在城市中心，造成了众多人口向中心进行迁移的现象。各城市区域的服务功能基本上趋于一致，金融、商务以及生活服务等功能区规模相对较小但比较齐全。近几年，各城市区域均出现了将商业广场作为核心的城市综合空间的现象，虽然区域较小但是功能上却十分完备，能够满足各区域的生活与生产上的需求，但这也引发了过度供给的状况。

**（三）部分区域生态承载力较弱、空间配置不均衡**

虽然目前我们在经济发展过程中越来越重视对生态环境的保护，但是也不得不承认传统的生产与生活方式同较弱的生态环境承载力之间有着一定的矛盾，流域水污染与地区化灰霾污染的情况尚未有根本的解决方法。在部分地区，高污染、高排放企业的存在严重影响了周边地区的高端产业集聚、城镇建设和人口聚集。

一些地区的空间资源配置长久不能得到完善，未曾实现同周围区域的协同发展，这不仅对产业布局的优化与升级产生了负面影响，还对城镇功能的改进产生了不利影响。

### （四）产业和城市的供给不足

为了解决产业和城市的供给尤其是高质量、高效率的有效供给不足的问题，供给侧结构性改革从供给角度出发，通过制度变革、结构优化、要素升级这“三大发动机”，使资源配置效率得到提高、有效供给有所增加，这是适应和引领新常态的重大创新。产城融合综合改革正是通过在体制机制创新、产业转型升级、空间布局调整等重要环节精准发力，进一步优化要素供给、结构供给、制度供给，以解决当前经济发展质效不高、结构性矛盾显著、资源利用与环境保护压力巨大等问题。

综上所述，按照创新、协调、绿色、开放、共享五大新发展理念的要求，目前我国部分区域的产城融合发展还存在不适应、不符合新发展理念的问题，迫切需要通过改革创新，深刻调整、不断改进。在协调发展方面，城乡发展不平衡、工业化和城镇化的进程不同步、产城功能不配套等问题都是牵制其发展的关键问题。产城融合发展进行整体性改革的目的就是在更广泛的区域促进产业与城市的良性交流，将人的核心作用进行充分发挥，实现人、产业和城市的协同发展。

## 二、我国产城融合发展的策略

在产城融合发展的过程中，我国应重点关注引导和培育产业，同时确保有效的空间设施的建设，以实现产业同城市的协同发展，从而提高产城融合发展的质量和效益。

### （一）强化产城融合发展的顶层设计

促进产业与城市整合，要有针对性地培育与选择能够同城市进行整合的主导产业与优势产业，同时应该以遵守城市发展规则为基础，按照不同经济社会发展时期分步骤、分类别地推进新型城镇化。首先，将人的城镇化当作核心与重点，将人的全面化、自由化发展作当作根本目标，并且基于目前的情况与对将来的展望，建立新型的城镇化建设指标系统。在新型城镇化的框架中，应综合考虑人的生产能力和物的生产能力，以确保农业转移人口及其家庭能够融入城镇化进程，逐渐借助改革户籍制度来建立统一的城乡公共福利体系，确保农村劳动力转移者与家庭能够平等享受公共服务。其次，以产业的优化升级为引领，着重发展那些有着社会融入性和战略性的产业，以创造竞争优势。需要注意的是，不仅产业发展需要得到增值，还要增强产业对就业的灵活性，使产业升级和人的生产力水平提高之间达到平衡。

### （二）构建全方位的产业发展体系

全方位的产业发展体系主要涵盖了产业增长的动力和产业核心价值的双重机制，涵盖了产业怎样能够实现增长和产业发展的主要价值。首先，构建全方位的产业发展体系需要积极促进产业集聚发展。促进新型城镇化建设的时候，应该对多种方面进行综合考虑，以达到比较有利与竞争有利的平衡状态。此外，我们应该以核心的主导产业为基础，主动促进支撑产业与配套产业的蓬勃发展，同时也应该对富有创新精神的企业加以重视，持续性改进组织架构与运营模式。其次，构建全方位的产业发展体系要主动推动产业的可持续发展。在此过程中，需要重视环境的保护与生态卫生的维持，采用绿色环保技术，实现低能耗、环保与低碳排放的绿色发展。再次，构建全方位的产业发展体系要促进企业积极探索技术创新。为了实现新型城镇化与产业的整合，应该激发企业生气与主动性，这是由于在推动产业发展的过程中企业是重要的力量。为了实现这一目标，需要运用协同创新的理念，构建产学研协同发展的创新机制，同时打造具有公共特色的创新性平台，在明确权利与义务的基础上，积极提高企业的技术创新能力，为产业的发展注入源源不断的推动力。最后，构建全方位的产业发展体系要致力于增强产业中的就业灵活性。产业的发展与人的发展相互影响，因此在推动产业发展的过程中，必须始终坚持以人为本的原则。在推动城镇化的过程中，需要重视吸收从农村转移而来的人口，提升产业的就业灵活性。为了提高产业的就业吸纳能力，应当优化升级产业结构，强化现代服务业的发展，调整生产性与生活性服务业的整体构造，实现劳动密集型产业与资本密集型产业的良好整合。

### （三）以人为核心推动产城融合发展

以人为本的城镇化发展模式强调土地与人口城镇化共同成长与发展，注重生产方式和生活方式的协调统一。该模式以培养人才和促进人的流动为导向，为城市产业的持续健康发展提供坚实的人力资本，并将城镇化中的空间载体潜力进行了释放。一是促进农村劳动力向城市转移并使其融入城市生活。从户籍制度改革切入，主动推动城市群共同发展格局的构建，在不同类型的城市中按照一定次序安置农业转移人口及其家庭，并为其提供城乡一体化方面的初级服务措施。二是加快提高农业转移人口的职业技能，“提升人”是以人为核心的城镇化的重要目标。在建立产业集群发展格局时，需要综合注重农业转移人口的现有技能和将来的产业需求，因此，需要有目的性地对农业转移人口的技能水平进行提升。这将使农业转移人口在市民化过程中具备更多技能，并且将使其收入水平得到提升。

# 第六章　省域产城融合发展的路径选择与对策建议

本章主要讲述省域产城融合发展的路径选择与对策建议，从六个方面展开叙述，分别是辽宁省产城融合发展的路径选择及对策建议、河北省产城融合发展的路径选择及对策建议、山东省产城融合发展的路径选择及对策建议、江苏省产城融合发展的路径选择及对策建议、福建省产城融合发展的路径选择及对策建议、广西壮族自治区产城融合发展的路径选择及对策建议。

## 第一节　辽宁省产城融合发展的路径选择及对策建议

### 一、辽宁省产城融合发展的路径选择

自改革开放以来，辽宁省作为东北老工业基地的代表，经济一直处于快速增长的状态，城镇化水平也不断提高。辽宁省人口城镇化率的发展在全国处于较高水平，但和北上广津等地区相比还有一定的差距。

沈阳和大连是辽宁省两大经济增长极，城镇化发展速度飞快。这两个城市的发展，给其周边城镇的发展带来了极大的经济辐射作用。近年来，沈阳作为辽宁中部城市圈的发展中心，其城市发展的总体布局呈现出“东优、西进、南拓、北统”的特点，而且规模、品质及影响力等方面都取得了巨大的进展。沈阳对周边城市的发展，亦有较强的辐射带动力，带动了大量优秀的人才在此汇集，初步形成了具有国际竞争力的区域性国际城市。

辽宁省中部城市群以沈阳市为经济中心，带动其周边城镇快速发展。沈阳经济区新型城镇化水平整体较高，基础设施方面的建设相对完善，这对其周边城镇的发展起到较大的连带作用。是辽宁省经济和新型城镇化发展的中心。

辽宁省内一些城镇已经形成了具有特色的产业，为城镇化提供了支持。这些城镇利用当地的资源优势，打造了特色产业。在过去的几年中，辽宁省建立了20

个国家发展改革试点小镇，其中11个小镇在2010年被评定为省级重点建设小镇，这些小镇在城镇化建设方面取得了显著成就。例如，腾鳌镇发展钢铁深加工与精细化工产业，培育了一批知名企业；西柳镇的主要产业为服装商贸，这些年来发展成为裤业与棉服名镇。这些城镇为辽宁省其他城镇提供了发展示范。此外，沿海经济带与北黄海地带的项目建设都推动了辽宁省的城镇化进程。

最近几年，随着城镇化进程的不断推进，辽宁省的产业与城市之间的整合取得了显著进展。产业在布局与结构上均逐渐变得更加合理，第三产业的就业人数也逐渐增加，第二产业就业人口维持相对平稳，城市与乡镇的人民生活水平也在逐渐得到提升。辽宁省的产城融合发展趋势较好。

近几年来，辽宁省的整体经济增长虽然在幅度的变化上并不是很多，但是从整体上进行分析依旧呈现增长态势，维持相对稳定水平。与此同时，辽宁省在产城融合方面同样也有着令人满意的进展。

辽宁省的主要城市的产业发展均集中在第二产业和第三产业，第一产业的比重相对较低。第三产业就业人口比重较高、第二产业仍保持较为稳定的就业状态，这是产业发展的重要生产要素。此外，辽宁省人民的生活质量也呈现一种上升趋势，各个方面均有所提升，城镇基础设施在这几年中也逐渐得到了优化。

然而，近些年来，辽宁省新型城镇化与产城融合发展还存在一些问题，具体如下。

①服务业发展相对滞后。依照产业结构演进规律，发展第三产业是国家与地区经济发展和产业优化的趋势。尽管辽宁省的第三产业有所发展，但仍主要由传统服务业组成，新兴生产性服务业规模小、分布散、市场影响力有限。因为整体服务业能力低下，所以生产性服务业的发展能力同样较弱。目前，许多生产性服务业仍同工业部门密切相关，需要向着专业化与独立化发展。

②三个产业间关联度较低。传统工业一直是辽宁省的主要支柱产业，但它的发展模式存在一些问题。传统工业主要以自身发展为导向，对第一产业和第三产业的支持相对较弱，也没有有效地反哺农业。虽然一些工业投资项目在农村建设工厂并提供设备和进行培训，但对现代化生产方式的推动有限。随着科技进步，现代服务业的发展成为新的发展动力，但其与传统工业和农业的互动有限，未能形成良性循环。这种不均衡的产业发展模式影响了整体经济的发展。

“港”是产业和城市发展的基石，“产”是港口和城市发展的支撑，而“城”则是港口和产业发展的依托。因此，我们要把港口作为城市发展的核心战略资源，把港产城融合发展确定为城市发展战略。比如，辽宁营口2022年编制实施了《营口市“港产城”融合发展规划》，并成立市港产城融合发展专班，全力推进上百个港产城融合项目，以形成以港聚产、以城聚产、港城共兴，通过港口与城市、产业之间的高度协同，产生“1+1+1>3”的协同效应和共振效应，带动营口实现更高水平的对外开放和更高质量的发展。

辽宁省内有多个港口，要充分认识推动海洋经济实现新突破对辽宁振兴发展的重要意义，加强顶层设计，培育壮大海洋战略性新兴产业，推动重大技术突破，着眼提升海洋核心功能，强化人才支撑，充分发挥市场在资源配置中的决定性作用，加快推动辽宁省海洋经济实现新突破。

如今，辽宁沿海经济带发展已进入新阶段。如何统筹推动港口、产业和城市深度融合、相互支撑、创新发展，形成以港促产、以产兴城、以城育港，提高区域整体发展水平，已经成为其目前不断发展的重要目标。

## 二、辽宁省产城融合发展的对策建议

### （一）加快产业结构转变

在辽宁省三种产业的发展中，重工业始终占有较高的比重；传统农业发展持续下滑，现代产业农业发展仍处于起步阶段；现代服务业近年来发展速度较快，但仍不具有规模性，其发展潜能较大。加快辽宁省产业结构的转变需从发展现代农业和现代服务业入手。

1. 加快现代化农业发展

第一产业的稳定发展对于整体经济稳定非常重要。辽宁省的第一产业增长相对较低，需要转变传统农业模式以促进现代化农业发展。这可以通过推动农业转型，培育农业领头企业，打造产业链，推广绿色科技生产，以及支持土地流转进行实现。在社会服务内容上，需要提供多层次的科技服务、信息服务和农民培训。生产方面，要实现区域化和专业化的农业生产，同时加强企业化管理和社会化服务。这将有助于农业产能与农民综合收入的提升。

2. 加快现代服务业发展

现代服务业的发展是城市文明与现代化的标志。促进城市现代服务业的发展需要着重推进服务外包业务发展，设立研发与服务基地，专注对生物医药、工程技术、新技术和新材料进行研发。

我们要建立多种公共研发、测试以及交易平台，以打造一个综合性的科技服务系统，其中功能多元、手段现代化，服务针对产业化需求。这将包括促进先进制造业和生产性服务业两者之间的深入整合，逐步提升生活服务行业，如批量零售、文化娱乐以及房地产等的公共服务水平，并且提高基础性教育与通信等领域的服务质量。此外，结合城市功能区块规划，我们将培育与发展一系列布局合理、产业高端、功能互补、有显著特色的服务业产业基地，

### （二）鼓励中小企业发展

跟随新型城镇化的进程，我们将迎来两个重要趋势：一是将有非常多的农村劳动力转移至城市；二是产业结构的演变将导致结构性失业问题的产生。鼓励中小企业发展对于加速农村劳动力向城市转移是非常有帮助的。中小企业具备诸多优势，包括数量较多、劳动人员较多、响应市场速度较快、建设周期较短等，这些特点是大型企业没有的。中小企业可以在较少的事件中吸纳农村劳动力，同时为他们提供所需的专业技能训练，从而加速产业与就业市场的整合。为了让各类人口都能够拥有就业机会，我们需要积极支持中小企业的存在与发展。

1. 促进有效融资

资金是推动企业经济活动的引擎，而企业能不能稳定取到资金，或者准时筹集到所需的生产要素的费用，对于企业能否进行可持续发展是十分关键的，特别是在中小企业的成长过程中，融资问题通常是最大的障碍。因此，为了鼓励中小企业的壮大，构建有效的融资机制就成了非常关键的事情。

在政策上，有两个主要途径来支持中小企业的发展。一方面，政府可以识别和资助有潜力的中小企业，特别是那些与大型企业在技术或业务上有关联的企业。这可以通过设立中小企业发展基金会来实现，以培养具备潜力的中小企业。另一方面，政府可以通过对银行贷款利率进行降低等方式，为其提供更多融资机会，同时也可以适度松绑民间借贷市场的监管，让中小企业融资状况得到改善。

2. 建立和完善中小企业各类服务机构

中小企业的规模相对较小、数量较多、经营范围较广，因此市场监管与相关服务机构相对薄弱。为了支持中小企业的健康成长，我们需要积极改进多种类型的中小企业支持机构。一方面，政府应当进行综合规划，优化服务方面的相关设施，对不同层级的中小企业中的综合性服务部分进行主动培养。另一方面，政府还应该对融资市场加强管理，从而让中小企业实现可持续发展。

### （三）加快推进辽宁港口群整合优化

辽宁港口群地理位置优越，地处东北亚经济圈的中心区域，在我们国家的外贸中发挥着重要的作用。它对于构建北方对外开放新高地、优化沿海地区区域经

济布局，以及实现全面发展有着关键作用。目前，辽宁港口群仍存在一些问题，包括港口间合作不足、整合障碍等。为了促进发展，需要拓宽港口的服务功能，对国际化物流当中的协同网络进行建立；需要对港口产业结构进行调整，建立合理的过剩产能处理机制；需要加强对港口整合的战略规划，确立不同阶段的整合方案；应当不断完善港口综合服务系统，以促使港口群实现高质量发展。

辽宁港口群整合目前面临的主要问题包括两方面：一方面，港口群整合方面仍存在一些壁垒需要克服；另一方面，港口建设机制需要更多的改进和优化。针对现有港口群的特点和资源，我们需要明确不同阶段的整合需求，以促使资源得到更有效的整合，实现港口的协同发展。这是港口群整合过程中需要处理的一个关键性问题。

港口作为国际贸易的重要枢纽，我们应积极构建全程物流服务供应链，以满足客户需求。通过与其他运输方式或物流站点的协调规划和管理，实现港口与其他运输方式或物流站点的无缝衔接，提高综合服务效率。同时，我们应建立面向国际贸易的港口群，促进国际贸易平台协同发展，推动经济优质高速发展。通过协调规划和管理港口与其他运输方式或物流站点关系，实现资源的高效整合和优化配置，进一步促进国际贸易的发展和经济的繁荣。

我们应高度重视港口产业的布局优化，确保港口的活力以及产业健康有序的发展。在此过程中，我们要对传统产业进行升级改造，明确核心产业的发展领域，根据市场需求和产业发展趋势，建设新的港口、操作区和物流区。同时，我们要尊重市场规律和企业的主体地位，根据实际情况确定产能过剩的界定标准，优化退出程序，制定相应的补偿、惩罚和保障措施，以便及时淘汰落后产能，推进产业转型升级。

我们应该全面规划港口群整合，确保不同阶段的策略得以完善。在此过程中，我们可以与其他国家的重要港口进行合作，共同形成密集的海上运输网络，并推动多式联运的发展。为了增强整体竞争力，我们应制定不同阶段的港口群整合计划，并完善评估准则。通过这种方式，我们可以更好地支持辽宁港口群参与全球竞争。这不仅有助于提升我国港口的整体水平，还能为国际贸易的发展提供有力支撑。因此，政府和企业应共同努力，实现港口的全面整合，为国家的经济发展注入新的活力。

我们需要优化港口的全面服务设施，以促进港口集群的优质发展。借助内陆产业的优势，对港口的发展方向进行确认，鼓励港口、产业和城市的深度合作，让整个港口群的竞争力得以提高。将国家级枢纽港口看成核心，将资本作为枢纽，对港口的整体协调发展能力进行提升，迅速建立同国际标准相符的全面服务系统与商业模式。同时，我们应对科技创新进行增强，运用先进的现代信息技术，将其同港口产业、监管等进行整合，从而达到信息共享，让港口群得以高效发展。

## 第二节　河北省产城融合发展的路径选择及对策建议

### 一、河北省开发区

#### （一）河北省开发区分类

开发区的地理位置在很大程度上塑造了其空间布局、定位、主要产业和未来发展方向。因此，在本节中，我们将对河北省的开发区根据其地理区域进行划分，同时依照每个类别的具体情况，展开研究开发区怎样实现“产城融合”的问题。

河北省位于华北平原的关键位置，东面临近渤海，整个省份的地势总体为自西北向东南呈现坡度。从地理角度来看，河北省可以划分为山区地区、沿海地区和平原地区三部分。

山区地区包括张家口、承德、秦皇岛北部和唐山北部，保定西部、石家庄西部、邢台西部以及邯郸西部地区；沿海地区包括秦皇岛东部、唐山以及沧州东部地区；平原地区为除去山区及沿海地区以外的区域，包括保定、石家庄、邢台、邯郸、沧州五市的大部分地区，衡水、廊坊，唐山南部以及秦皇岛部分地区。

#### （二）现有开发区产城空间关系类型

开发区与主城区的发展互动以及自身演变，主要取决于开发区的空间组织结构。开发区的空间类型不仅对自身能否发展成为综合性城市空间起到了决定性作用，同时也影响到其发展的方向和途径。对于河北省开发区与主城区之间的关系类型，可以从空间上进行分类，主要有以下四种类型：主城区包含在内型、依附主城区发展型、毗邻主城区生长型及独立自主发展型。

1. 主城区包含在内型

在这种“主城区包含在内”的情况中，主城区将开发区进行环绕，而城市的其他功能区也涵盖了开发区。该类型通常具有特定的历史背景：最初阶段的开发区通常位于城市郊区。由于当时缺乏充分的、有远见的规划，倘若城镇化不断加速且土地空间不断扩大，开发区就会逐渐被城市建设纳入其中，并作为城市建成区存在其中。这种开发区的特色在于它能够与主城区共享公共服务设施和市政基础设施资源，从而减少投资费用。然而，这些开发区存在着功能划分不清的情况，造成生产与生活空间之间的界限模糊，这样就容易给居民环境带来了一定的影响。长时间来说，这种状况会制约开发区的发展，对其产生不利。

2. 依附主城区发展型

这种开发区一般都会建在与主城区相距不是很远的边缘区域，交通上面相对方便，并且占用土地的费用也较低。因为这些开发区地理环境的优势，基础设施的准备上通常较为完善，能够共享主城区的多种类型公共服务设施，降低了初创阶段的投资费用。此外，开发区的建设发展也能为周边村镇提供就业机会，同时让周边村镇迈向城镇化。然而，在考虑选址时，这类开发区一定要谨慎处理同主城区将来扩展空间的关系，不然就可能会逐渐演变为主城区的一部分。

3. 毗邻主城区生长型

这一类开发区位于主城区附近，同主城区之间的交通关系十分密切，位于区域交通的重要位置。此种类型的开发区主要是通过主城区的力量进行建立与发展的。它紧邻主城区，因此主城区里面的一些基础设施与生活配套设施均能对其发展有所帮助。此外，开发区自身也同时进行着建设与改善。这可以减轻主城区在交通、生态、资源等多方面面临的压力，同时实现对主城区职能的部分分流。另外，此举还能促进当地居民就业机会的增加，进而对本地经济起到促进作用。然而，我们也应该清楚看到，城市的扩张和边缘地带的发展导致开发区与主城区之间的距离缩小。一些开发区也有很大概率会在城市的规划当中，这样也就需要应对产业结构的调整与空间上的重新整合等挑战。

4. 独立自主发展型

独立自主发展型开发区会独立地进行建设，与主城区保持一定距离。此种类型的开发区位于城市的郊区或远离市中心的地段，与主城区有一定的距离。因为初建阶段会花费大量的时间与成本，所以工程进展会有点慢，一段时间后才可以开始见到经济效益与产业规模成长。然而，这种类型的开发区通常具有相对较大的规模，同时受政府规章的影响较为显著，因此在较大的城市里面会更加普遍。随着开发区规模的扩大，原先单一的产业空间会衍生出一些其他类型的城市功能空间。

### （三）不同开发地区的发展思路

1. 山区地区开发区发展思路

由于山区地理环境的限制，山区建设用地紧缺，并且各个城市与功能组团相距较远。另外，与平原地区进行比较，山区里面的交通并不是特别便利。因此，山区的开发区一般会优先选择和主城区离得比较近的区域，主要是为了能够充分利用主城区的资源与配套服务，提高资源利用效率，同时也有助于减少开发区的建设费用。

山区地区开发区主要为了能够满足山区内的产业需求而建设的。山区地区拥有得天独厚的自然风景与高质量的生态环境，在此发展开发区能够将以上优势进行利用，积极推动旅游业、绿色产业、服务业等环保产业的发展。举例来说，张家口与承德是备受瞩目的旅游胜地，其美丽的自然风光与多彩的人文风俗，每一年都吸引大量游客来这些地方进行游玩。因此，把旅游业与相关服务业作为主要产业，可以有效地促进区域经济的发展。

尽管山区地区有着独特的自然优势，但由于其生态系统的脆弱性，保护环境在这一地区显得十分紧要。开发区需要重视环保产业方面的发展，并积极采取措施，如宣传环保意识、建立绿色产业补偿机制等，确保各企业有效履行环境保护职责。

2. 沿海地区开发区发展思路

不同于山区地区，沿海地区的交通十分方便，而且对外开放的程度也较高。河北省海岸线沿线涵盖了秦皇岛、唐山和沧州东部地区。这个地区是河北省最早开始发展并且发展速度相对较快的开发区之一。秦皇岛经济技术开发区是我国最早成立的国家级开发区之一。曹妃甸港是我国北方最大的深水港之一，其给曹妃甸开发区的产品运输业发展与物流业发展打下了良好的基础。

许多沿海地区的开发区与主城区之间的距离相对较远，因此要求它们在发展过程中必须同时重视产业和相关基础设施的建设。发展产业有助于推动服务设施的逐步完备，而良好的基础设施则是吸引人才、开拓市场，以及提升开发区吸引力的物质保障。这两者应该同步发展，确保取得良好的效果。

沿海地区开发区也面临着较大的生态环境挑战。例如，填海造地的现象在一些沿海地区的开发过程中频繁出现，不同程度地造成了海岸线与沿海生态环境的损害。因此，在进行开发的时候，开发区的建造应该具备合理性、科学性，并高度注重维护沿海地区的生态平衡。

3. 平原地区开发区发展思路

相对于山区地区与沿海地区，平原地区在开发区的选址上面与布局上面显得更加自由与灵活，并不会被地形地貌局限。这使得开发区能够更灵活地调整空间布局，以适应当前需求并为可持续发展打下基础。

开发区和主城区两者间的空间联系将会对开发区的主要功能产生作用。因此，在定位开发区的功能的时候，需要考虑实际状况，合理地配置不同的功能，推动产业与服务两者功能的多元化整合，而不是采取僵化的方法。

相较于山区地区和沿海地区，平原地区在面对环境挑战的过程中往往具有更多的复杂性。因此，开发区在其发展初期一定要高度重视环境保护，并确保规划的合理性，制定与之有关的政策，同时确保这些规划与政策能够得到有效实施。确保在开发区的建设进程中，绿色与环保理念贯穿始终。

### （四）河北省开发区的对策建议

#### 1. 完善配套设施

因为开发区在产业方面有很强的集聚效应，所以在早期建设中，其对产业发展进行了重点关注，这进一步造成了设施的滞后。以上特征在开发区早期初建阶段十分明显：以工业发展为主要方面，以工业用地为主要的支出份额，而相应的基础设施则滞后于产业的发展。长时间下来，大概率会让开发区的可持续发展受到限制，并对整个工程造成一定的负面影响。

本书在布置城市配套设施时，将其分为城市新区级、单元级和社区级三个等级，并根据城市配套标准和服务半径，在各功能区的核心区域进行布置。城市新区级配套设施通常地处开发区核心区域，类型和规模需前瞻性考虑，主要服务商业、娱乐、金融等城市功能。单元级配套设施更灵活，根据不同单元分区的功能进行有针对性的配置。例如，若以产业开发为主，则配置商务酒店、办公设施等；如果居住是主要功能，就配置商业场所、文化场所和医疗设施等。社区级配套设施旨在方便居民，通常包括农贸市场、超市等，用来对他们的日常需求进行满足。

我们通过对河北燕郊开发区进行分析，可以发现这个开发区内拥有八所高等院校，可以满足教育与文化的需求。此外，开发区还设有好多高质量的写字楼与住宿场所，以满足商务与休闲等方面的需求。单元级配套设施包括多个高品质住宅社区，这些社区借助从外界招聘商铺与引进资金的方式进行建设，旨在充分满足居民的居住条件需要。此外，在开发区里面还建立了金融机构服务网点，让居民在金融服务方面的需求得以满足。同时，根据各单元的日常与实际状况，开发区对医院与商业性店铺进行了改善，用来提升医疗水平与商业服务水平。社区级配套设施涵盖了幼儿园与中小学等教育设施，便民诊室与药店也设立了很多，以使教育与医疗服务充分覆盖开发区。此外，开发区内还应设立多个便民超市，以为居民采购提供便利、提升其生活品质。

2. 实现空间多样性融合

空间多样性融合说的是开发区在对空间进行扩大的时候，以改善不同功能空间之间的隔离展现，借助融合产业、服务、绿地等各种空间，创造出更符合人类需求的空间环境。开发区的主要目标是逐步实现工业化，因此生活服务空间与产业空间在其空间规划中占据重要地位。在探究河北省多家开发区之后，可以对开发区当中的空间布局类型进行划分，主要有以下几种。

（1）串联式布局

串联式布局说的是把居住区与产业区分布在不同的地点，然后借助广场与道路等交通空间把两者进行连接，从而实现完全的空间分离的一种布局方式。以上类型有助于避免不同功能区彼此干扰，让生产活动的进行更具便利性，并且也有助于创造更高质量的居住环境。它特别适用于规模相对较小的开发区，因此初建阶段一般会采用此种模式。

随着开发区规模不断扩大，其空间与用地也会发生一定变化，串联式布局的不足之处慢慢表现出来：居住区与产业区的分离有很大概率会造成工作人员上班路程延长，使交通路段出现混乱与拥堵状况。

（2）并联式布局

这种布局方式最开始是创建独立的服务范围，为周围的产业提供服务。开发区整体被分成了几个功能性组团，其中服务区域为核心，周围围绕着产业区域。组团内部借助独立的服务区域把不一样的产业区域连接起来，而组团与组团间主要是借助交通进行相互联系，形成了分散式的空间布局。

并联式布局的理念借鉴了美国建筑师沙里宁（Saarinen）的有机疏散理论，把城市分成了不同的功能区域，通过绿化带进行分隔。主要道路被集成到绿化带区域中，以减少车辆对居住区等地点造成噪声困扰。

并联式布局的城市用地形态具有显著优点，它能够满足居民工作、居住、休闲、采购等需求，缩短通勤距离，缓解城市交通状况，并且能够维护生态环境水平。然而，此类型的布局同样有着一些不足之处，如每个功能范畴均是独立存在的，之后要慢慢将服务设施进行完善，此种操作会让城市建设费用增加，同时也会造成之后建设中的重叠，造成资源上的浪费。

（3）混合式布局

混合式布局往往更具弹性与自由度，其中居住空间和产业空间是交错进行建设的。此布局类型往往把产业设施与相关生活设施安排在企业周围相对较小的区域内。这有助于降低初期开发费用，并能够提高建设便捷性。然而，这种方式的不足之处就是会在后期造成居住区域与产业区域两者的互相干扰，从而引发土地用途混乱与生态环境破坏等状况。

要综合考虑几种布局方式的优势与不足，以此让开发区在空间布局上得以多样化、全面化，从而能够采用“有机组合空间”的布局。这种布局将开发区总体又分为了三个部分：中心服务区、配套住宅区以及产业发展区。其中每个部分都含有居住空间、产业空间和配套服务空间，让各种功能需求得以满足，并合理安排用地面积，从而解决产城分离的问题。中心服务区主要含有各种支持性服务空间，重点满足生活与生产服务需求。配套住宅区主要是经过几个住宅空间与与之相匹配的服务空间进行整合形成的，主要用于满足开发区内人们对居住条件的需求，并提供必要的生活服务设施。产业发展区包括了生产、居住与服务三个要素的综合空间，因为不同产业区的主要功能是不一样的，所以产业区在进行空间安排的时候主要分为两种：一种是主要用于生产与生活服务方面的设施，同时包含少许的居住地；另一种主要用于生产与居住，公共服务设施并不占主导地位。采用“有机组合空间”的空间安排类型，既确保了开发区和主城区之间的便捷连接，又实现了开发区内部之间空间的有机整合，使其在空间规划上更有秩序、功能分布上更为妥当、配套设施上更加完善。

3. 完善管理体制

当今，开发区发展障碍的其中一项就是管理体制层面的不足。因此，完善开发区的管理体制对于推动产城融合发展至关重要，具体完善措施包括以下几个方面。

（1）明确开发区管委会的行政主体地位

开发区在早期创建阶段需要引进外资、扩大市场，政府为其提供了各种优惠政策，同时准予其在法律条框下，将管理机制与经济发展措施进行创新发展。由于我国目前在开发区管理上的法律法规还不够完善，开发区管委会的行政主体地位相对不够清晰，因此在实践中，出现了不同部门之间互相分割职责、主管职能重叠、政令传达效率低下等问题。因此，有必要在法律方面，对开发区管委会的行政地位进行确认，以确保开发区能够建立高效、权威且职责明确的管理系统与机制，进一步实现稳定进展。

（2）确定开发区管委会的管理职能权限

当今，开发区的管理系统仍然是传统的由上至下多层次系统，包括中央政府、地方政府以及开发区管委会三个管理层次。三者的管理层次中存在众多机构，且彼此间不能协调一致，造成了管理界限混乱，且权力运作容易受到个人主观因素的干扰，而且由于开发区不能够掌握足够的自主权利，进一步降低了工作效率。因此，开发区需要对开发区管委会的管理职能权限进行确定，以确保中央的宏观调控政策能够得以有效落实。

（3）避免开发区管理体制出现“倒退”现象

管理体制出现“倒退”现象的表现如下：首先，开发区的发展区域和管理区域在逐渐增加，造成管理机构出现了系统超负荷的状况；其次，开发区在早期创立的新管理体制，在外部老旧的行政机构体制下显得格格不入，并受到一定的冲击与影响，新体制的壁垒逐渐减弱，让开发区的管理机构变成了老旧体制。

总体来看，政府需要慢慢对开发区的法律管理机制进行完善，明确开发区管委会地位与具体职能，不断创新行政管理措施，让产业和城市进行紧密融合，以对开发区将来的发展产生显著的积极作用。

4. 注重绿色环保

（1）产业与环境同步发展

河北省开发区的主要产业涵盖了钢铁、建材、制药等重工业产业，这些行业通常会对环境造成较大污染。因此，在这些开发区中，不仅要对经济推动方面与产业进程方面给予关注，还应该重点关注生态环境，确保以上能够协同进展。推动开发区进程的时候，特别强调维护良好的生态环境，采取必要性措施，如集中化治理、全程控制等。借助有效控制和治理产业污染，完善经济产业结构，达到规模性经济效益水平。这有助于将污染防治的重点由处理单个排污点逐渐调整为更全面的区域治理。

（2）加强资源集约化

许多开发区存在着采矿与资源开发方面不足的问题，他们通常采用粗放的开采方式，不仅大量浪费了资源，还会对周围的生态造成负面影响。因此，河北省需要主动推动绿色产业，将环保技术进行引入，对早期的生产模式进行改进，让产业的发展更加生态友好和高效。这有助于资源有效利用率的提升，并且能够降低生产过程对环境造成的污染，实现绿色健康发展。

（3）建设绿色生态宜居开发区

实现产城融合意味着开发区不再只是产业与经济的增长引擎，而需要从更宽广的视角进行分析，促进城市职能的完善。因此，在建设开发区时，强调生态与适宜进行居住的环境的构建至关重要。这可以利用把开发区划分为不同生态单元的方式，同时在它们之间建立绿化道路和生态廊道，创建综合的生态网络，从而让开发区更具吸引力。

## 二、河北省港口城市

越发多的港口城市采用了“以港促产、以产兴城、以城育港”的发展理念，将港口、产业和城市有机融合起来。随着沿海经济崛起成为地区经济的新增长点，河北省日益关注港口城市的发展进程，同时把港口、产业、城市三者融合作为其战略性举措之一来推进。港产城融合的推进不只是对产业升级具有推动作用，而且能够加快临港产业集群的形成，同时还是建设沿海中心城市、促进城市繁荣和宜居性环境打造的关键举措。此外，这也是加大开放、构建国内国际双循环发展格局、全面推进高水平对外开放经济的必要条件。因此，借助分析河北省沿海城市的港口、产业、城市三者融合的现状，能够确定进程推进存在的不足与缺陷，探讨出合适的解决方案，并能够让整个省域经济取得更快的发展，以上有着极大的现实重要性。

### （一）河北省港口城市的路径选择

河北省在2023年4月发布了《河北省加快建设临港产业强省行动方案(2023—2027年)》，旨在推进河北省的临港产业快速发展，明确了未来5年的总体发展思路与关键性工作，为河北省加快推进临港产业强省建设提供了有效的路径和指导方针。在中共河北省委十届三次全会上确定了河北省未来的重点工作之一，即建设临港产业强省，实现陆海联动和产城融合。这是符合中国式现代化的河北发展场景之一，将成为河北省在未来很长一段时间内的重要任务。中共河北省委、省政府在多个重要场合强调了临港产业强省的建设，并提出了向海发展、向海图强的方向。他们强调要充分发挥沿海和内地的各自优势，推动港口、产业园区、城市建设以及综合交通和开放联动。整个省份各有关的区域与部门正在迅速优化临近港口的产业基础性设施，促进临近港口产业的转型整改与优化，这为建设以临近港口产业为主的强省奠定了坚实的基础。

秦皇岛、唐山、沧州是河北沿海临港地区的三个城市，该地区的地区生产总值约占全省的三分之一，具备秦皇岛港、唐山港和黄骅港三个重要港口。此外，该区域拥有较好的工业基础以及优质的资源优势，有利于发展临港产业。

河北省在加快沿海地区的产业结构战略性转型方面取得了进展。他们着力于招引投资与推动项目建设，并实施优质的内外开放政策。这一努力促使河北省的临港产业综合实力实现了新的增长。

河北省正持续加强临港产业基础设施的完善。在此过程中，黄骅港散货港区矿石码头一期（续建）工程和综合港区泰地液体化工码头工程已经竣工并投入使用。同时，唐山港曹妃甸港区东区二港池多用途泊位工程等项目已正式开工建设。河北省正在不断加快港口集疏运系统的建设，同时京唐城际铁路、京秦高速公路遵秦段等线路已经成功建立并且已经开始通车，而邢和铁路也具备了通车条件。

河北省认真地推进了临港产业的转型升级，并将竭尽全力抓住投资机会，推进项目建设，促进地方经济发展，同时还将集中精力推动省与市当中的重点建设项目的实施。沿海临港地区的产业优势日益凸显，吸引了一系列优质的大型项目聚集，其中包括精品钢铁、高端装备等领域的项目。目前，一批重量级项目如国堂（国义）钢铁搬迁一期等已顺利建成并投产运营，河北德谊生物科技等项目也已启动一期工程。同时，中信戴卡数字产业园等项目也正在加快推进建设进程。此外，海水综合利用产业也在迅速发展，唐山申港海水淡化工程正在试运行，而沧东电厂的“绿电制绿水”项目也已经开始动工。

在接下来的几年里，河北省将贯彻党的二十大精神，全面加强对临港产业、临海经济的发展支持，以加速其迅猛发展。

到 2025 年时，唐山港将成为国内首位的液化天然气（LNG）卸载港，同时黄骅港的集装箱运输能力也将变成原来的 2 倍。临港区域将进一步加强精品钢铁、绿色化工、现代物流等产业的发展并提高产业水平，从而带动海洋经济的迅猛增长。沿海地区经济保持稳定的增长，并且超过全省平均经济指标，其经济总量在全省中所占比重有着显著的提升，使唐山市成为全国万亿元城市之一。

预计在 2027 年前后，河北省将实现临港产业强省的目标，即实现陆海联动和产城融合的全面建设。港口运输结构不断改善，建设现代化港口群体系的步伐领先于全国其他地区。实现世界一流的精品钢铁基地、国内重要的石化产业基地、独具特色的高端装备制造基地和备受世人瞩目的滨海旅游胜地的建设，引领并带动腹地产业的转型升级，大大增强辐射能力，使临港产业集群的竞争力与国际先进水平持平，使沿海地区的经济不断发展壮大，成为环渤海区域高质量发展的关键引擎。

河北省将不断推动建设临港产业强省行动落地落实，着力打造“两群、五地、一融合”的港产城融合发展新格局。建设临港产业强省将持续抓好如下八个方面的重点任务。

①河北省将建设全球一流的港口群体系，以推进现代化港口和航运设施的建设为主要任务，确保港口具备合理的布局、完备的功能、优质的服务。对港口的集疏运系统进行优化，让陆物流与海物流的双向道路保持畅通，实现港口和临港产业之间的高质量对接。同时，河北省将促进铁路、水路、公路等多式联运的发

展，打造高效的多式联运系统；扩展集装箱航线，加强内陆航线的运营，打造一支进行国际海运与内陆航运的强大力量。

②建立一个具有现代化特色的港口物流产业集聚区。为了扩大和提升唐山市港口型国家物流枢纽的规模和水平，河北省将优化港口物流布局，并扩大枢纽的范围。同时，还将鼓励沧州市争取成为港口型国家物流的枢纽，并帮助秦皇岛市申报国家骨干冷链物流基地。通过这些努力，将在沿海地区形成一个港口物流隆起带，从而进一步提高三大港口的物流作业水平，使其在国家排名中更上一层楼。

③打造世界一流精品钢铁基地。河北省将深化供给侧结构性改革作为主要任务，提高研发创新水平，积极扩展产业的项目，对一系列关键性、补充性和延伸性项目进行引入，推动高水平、紧密结合、高效的产业创新集群的形成。到 2027 年，将建成拥有世界排名靠前的优质钢铁生产基地与全球领先的万亿级钢铁产业集聚区。

④创建全国先进的绿色石化基地。努力优化石化产业的设置，加速建立以原油加工为起点、烯烃芳烃为下游产品并延伸到精细化工的“油头化尾”产业链，促进石化产业从原料型向材料型的转变。侧重将曹妃甸与渤海新区作为两个重要的石化基地，进一步培育一批具有全国领先地位的企业与产业群体。

⑤达到国家装备制造业的领先水平，建设全国先进的装备制造基地。以“高端、智能、服务”为导向，巩固已有产业的领先地位，促进产业集群向先进装备制造中心的方向发展，注重高端制造领域的发展，提升整个产业的市场竞争力。

⑥培育全省战略性新兴产业发展高地。充分利用沿海临港的特色，聚焦于生物医药、节能环保等领域，着力发展战略性新兴产业，致力于建设具有特色的国家级原料基地，构建全国领先的新型功能材料区域与关键性的海上风电产业装备制造基地。

⑦打造全国先进装备制造基地。围绕“高端化、智能化、服务化”的发展方向，巩固优势产业领先地位，推进产业集群向先进装备制造基地发展。到 2017 年，沿海地区装备制造业营业收入达到 5100 亿元。

⑧促进港产城融合发展。利用港口得天独厚的特色，促进钢铁、木材、海洋工程设备等产业在沿海地区和邻近港口地区进行布局。快速对现代化沿海都市带进行建设，以“三中心城市三新城”为主体，推进港城发展升级，实现智慧化转型，并且沿海县（市、区）中每一个均需要积极打造 2～3 条有特色的产业链，以此来形成风格独特的产业集群，推动港口、产业、城市的融合进程。

### （二）河北省港口城市的对策建议

建设临港产业强省将从五个方面采取具体措施。按照中共河北省委、河北省政府部署安排，为抓好临港产业强省建设，全省有关部门将重点做好以下五方面工作。

①优化港口营商环境。河北省应深化国际贸易“单一窗口”建设；实施“互联网＋港口”计划，加快业务间无缝对接，推进智慧边检项目建设，优化边检行政许可办理流程；对标京津标准推进“两步申报”“提前申报”等改革，推进多式联运“一单制”；强化“智慧海关、智能边境、智享联通”建设，探索扩大跨境贸易单证信息共享范围。

②强化双向开放合作。河北省应有序承接北京非首都功能疏解；推进港口功能向内陆腹地延伸辐射，深化与河北内陆腹地以及周边省份对接合作；高质量建设中国（河北）自由贸易试验区曹妃甸片区、秦皇岛综合保税区，推进黄骅港设立综合保税区；加快中国（唐山）跨境电子商务综合试验区建设；推进中国—中东欧（沧州）中小企业合作区等重点国别园区项目尽快落地。

③提升园区发展能级。河北省应支持指导曹妃甸区、渤海新区、北戴河生命健康产业创新示范区以及各级各类园区、开发区等平台的建设，落实好支持政策，吸引更多上下游配套产业向园区集聚，做大做强曹妃甸经济技术开发区、河北丰南经济开发区、秦皇岛经济技术开发区、沧州临港经济技术开发区等两千亿级以上园区。

④加大政策支持力度。河北省应用足用好国家和河北省制定的支持沿海经济带、海洋经济和产业发展的各项政策措施，在重点领域、事项和项目上积极争取国家建设规模、示范评定和资金等方面的支持；组织好招商引资、政银企对接、人才引进等活动，持续加大资金、用海用地、投融资、环保、能耗指标、排污权市场要素配置等要素保障力度。

⑤加强协调合作机制。河北省应建立组织机构，其核心为河北省沿海经济带发展工作领导小组，设立临港产业强省行动工作专班，以进一步促进工作推进机制成形；详细规划实施措施，对监督与支持服务进行加强，促进每项指标、任务以及项目的有效实施与完成。

## 三、河北省中小城市——以冀南新区为例

冀南新区在 2012 年 10 月正式成立，坐落于河北省邯郸市主要城区的南面。冀南新区发展历程主要有四个阶段，代表着产城融合不断演进的动态历程。

邯郸冀南新区于2016年获批为国家级产城融合示范区，其主要任务是探索产业集聚与转型升级路径，推进产业、城市、自然融合发展。自20世纪90年代中共中央、国务院决策开发浦东以来，我国已陆续设立了上海浦东新区、天津滨海新区、重庆两江新区等十九个国家级新区，与国家级新区相对应，各省（市、自治区）结合国家战略和自身发展实际，陆续设立了一些省级城市新区。这些城市新区在经济规模、规划范围、产业结构、政治地位等方面与国家级新区存在明显差异。相较于国家级新区，此种城市新区数量上众多，要面对的状况也更为普遍。邯郸冀南新区便属于这一范畴，借助其建设实践，能够对中小型城市新区的产城融合状况进行分析与探究。

从2012年开始挂牌以来，在不同的发展阶段，冀南新区的产业与城市融合呈现出不同的特点。在推动产城融合发展的过程中，仍然有许多亟待解决的问题，这些问题也是将来推进产城融合发展的方向。

### （一）冀南新区产城融合发展特征

从初创规划阶段到目前的“造城建平台、聚产做支撑”阶段，冀南新区的产城融合发展一直是一个不断演进的过程。规划阶段，冀南新区的主要产业集中在马头生态工业城的西南工业区，该区域同主城区间隔相对较远，呈现出传统经济开发区的特征，并且在基础设施与服务设施方面也相对落后。

在初创规划阶段，马头生态工业城等发展区域的产业表现出色，为冀南新区建设提供了坚实的产业根基。建设早期，考虑到新区范围的不断增加，新区管委会同磁县政府进行共同探讨，确定了“区县一体”的合作策略，将新区的核心区域确定为项目建设的主要战略重点。城市建设侧重于交通路网的设立与一些房地产项目的推进。但在这个阶段，并没有提出能够全面解决“有产无城”问题的整体性方案。

随着发展的深入，我们将在产业与项目建设的基础上，进一步巩固与深化科创城区，使城市的面貌逐渐显现规模，同时，随着邯郸国际职教城等教育项目的实施，冀南新区的产业、城市和教育融合发展思路将变得更加明晰。从2019年以后的城市建设阶段开始，经过深入研究冀南新区的目标定位，产城融合发展进程方案最终达成一致。在这个过程中，对海绵城市、智慧城市等现代城市建设的成功案例进行了借鉴，并特别关注了滏阳新城的建设，同时，通过高新区的“以升促建”战略，加大了对产业竞争力的提升力度，使产城融合的特色得到了彰显。

### （二）冀南新区产城融合存在的问题

产城融合发展是一个系统的过程，涉及产业和城市之间密切的联系与影响。无论是注重城市发展而忽视产业，还是注重产业而忽视城市建设，都不能将协同效应进行发挥，不能实现产业和城市的相互增益。在产业与城市均可以得到充足发展的基础上，单一领域的进程缓慢，不可避免地会影响融合发展的进程。人为因素在产业与城市的融合中发挥了关键性作用，其中包括城市新区工作者与受益于城市新区前景的居民。从产业、城市和人这三个方面对冀南新区进程进行分析，能够找到制约发展原因所在。

1. 经济体量较小，产业发展支撑不足

冀南新区位于河北省南部，其产业定位因为环保政策的作用，相较于河北省中部的一些城市和县区具有一定局限性。新区内传统制造业企业占据比例较大，产业结构相对单一，面临着迫切转型的产业压力，且其高新技术产业特色尚未充分凸显。冀南新区的经济规模相对有限，创业型企业相对较少，形成的产业集群的竞争力相对较低。该地区的产业覆盖范围大，包括新型材料、装备制造、风能新能源等多个产业链，但是产业与产业间并没有形成有效的供应链，也没有将规模效应进行充分发挥，同时协同效益没有形成。此外，该地区的产业从业人口普遍具有较低的教育水平。

2. 城市功能薄弱，生活配套存在短板

产城融合发展不断推进，生产空间与生活空间的关联性也随之增强。然而，就当前状况而言，冀南新区的城市功能仍然有一些不足之处。首先，城市的承载能力有限。由于其发展时间相对较短，城市里面的一些基础设施建设还存在明显的不足，与周边已有成熟城市体系的县（区）相比仍然存在差距。新区迄今为止依旧采用工业区模式，居住设施与公共服务设施数量有限。冀南新区管委会旁边只存在一家便利店，且规模较小，很明显不能够让新区中的工作者满足日常需求。其次，民生服务领域也存在明显不足。虽然学校、医院等设施已经开始动工，但是短时间内并不能对居民进行服务。在冀南新区重点城市建设组团科创城区的进展中，出现了一种情况，即商务办公设施和住宅设施的施工速度迅猛，而学校和医院等公共设施施工进程缓慢。最后，居住生活的比例相对较低，难以在短时间内实现职住平衡。职住平衡是在产城融合发展过程中产生的一个重要概念，它代表着就业和居住之间的协调模型，也是评估产城融合发展程度的一个核心指标。知名的房地产开发企业，如碧桂园集团等，已经产生了区域性的地产品牌效应，推动了该片区的房地产项目销售。例如，该地区内的某碧桂园项目在2016年全部售罄，但到现在为止入住率未达50%。一方面，许多购房者由于相较市中心的住房价格优势而选择在这里投资或居住；另一方面，相较而言市中心拥有更多的就业机会，新区内购房者的就业比例尚未达到理想水平，实现职住平衡仍然具有较大挑战性。

3. 产城融合发展体制改革不彻底

新区当中能够进行高质量产城融合发展的关键在于冀南新区的管理体制与机制。只有进一步优化管理体制和机制，才可以将干部与企业家的创业积极性更好地调动。受行政区划与管理体制等一些客观条件的影响，产城融合发展的方向也随之有了新的变化。冀南新区历经传统的经济开发区—“区县一体”格局的扩大—确切边界的独立城市新区三个发展阶段，其中的每个发展阶段均有着不一样的推进产城融合发展的任务。

较为平稳的管理体制与机构框架对于确保产城融合发展过程中各个任务的按期进行至关重要。冀南新区采用的扁平管理结构与传统的政府型模式相比较，人员编制表现得更紧凑，但由于部门数量较少和工作人员有限等因素的限制，执行力会较低。

在冀南新区中实施的全员聘用制度在薪酬机制改革与调动员工工作积极性方面发挥了一定作用，而对晋升途径与职位交流措施这些问题的处理则存在一定不足。这导致了部分新区工作人员长期在同一岗位上工作，从而减弱了他们的工作主动性。以上所述正是城市新区干部人事体制机制创新当中迫切需要解决的状况。“档案封存、打破身份、岗位管理、全员聘用”制度的实行为广大工作人员提供了展示才华的机会，使其更加注重实际工作表现而非职务身份，使那些积极有为的人能够充分发挥他们的潜力和能力，取得出色的成绩。

同时，因为档案封存，所以公务员与事业编工作人员进行调动与晋升的可能较小，这将会减弱他们的工作主动性。城市新区和其他开发区的机构在干部人事状况上同他们的机构管理体制紧密相关。倘若想有效解决干部人事状况，必须重新调整与改进管理体制。

### （三）推进城市新区产城融合发展的建议

产城融合发展需要逐渐演进，并且需要较长的时间和充足的资源。城市的发展需要时间，正如罗马并非在一天之内建成一样，新区的建设也不可能在短时间内完成。冀南新区的滏阳城建设时间表遵循了城市建设的自然规律，其中包括“三年初见成效、五年初具规模、十年方能树立新城”的计划。在城市建设过程中，应防止将产城融合过于狭隘地理解为仅建设新城，而应该注重协调发展产业和城市功能。因此，笔者提出了以下建议。

1. 以争创国家高新区为抓手，推动产业转型升级

①以设立国家高新区为核心任务。河北省与邯郸市在其“十四五”规划中都明确表示支持邯郸依托冀南新区来设立国家高新区的提议。它们牢牢把握住国家高新区扩展布局的时代机会，以升级高新区来推动国家高新区建设。根据国家高新区设立的标准，其将推动高新技术企业的发展，并给新一批的科技型中小企业提供成长环境，并与国家、省、市科技部门合作密切，主动借鉴其他先进地区的国家高新区设立优势，提升冀南新区国家高新区的能力，弥补不足之处，按照计划平稳开展工作。

②加速推动主题型产业园区的建设。冀南新区的产业园区被视为产业发展的关键地点，其特别关注培育高新技术产业、节能环保产业等主要产业。建设这些特定主题的产业园区旨在引导和吸引新企业，以确保它们在特定行业领域的发展，从而促进产业实现高质量的增长，并着重推动总部经济的发展。产业园区应在充分利用冀南新区的城市基础设施的基础上，积极发展总部经济、文化旅游产业以及科技服务。产业园区需要在产业集聚区中充分整合城市特色，同时在城市建设中融入产业元素，以确保产域融合发展的有序进行，还应深化京津冀协同发展战略。2017 年 12 月，京津冀三地联合发布了《关于加强京津冀产业转移承接重点平台建设的意见》，该意见中提到了包括冀南新区在内的十五个协同创新平台。该新区的主要任务是积极吸引与承接北京迁出的装备制造企业，并借助以上措施促进京津冀的协同发展，将新区的产业集聚能力进行提高。

2. 推进城市公共服务设施建设

①新区应该确立以人民为核心、以满足人民需求为首要任务的建设理念。依照冀南新区综合功能定位，依循“建设城市、促进产业、尊重生态、倡导创新”的发展理念，在城市建设过程中，特别要强调提升城市公共服务功能。之前由于功能划分，一些区域只具备城市功能，而另一些区域则完全专注于产业，两者之间互动不足。新区应设立超市、餐厅、加油站、停车场等服务设施，同时推动共享汽车服务以及共享单车服务覆盖新区，以满足新区员工在餐饮、购物以及出行方面的需求，使新区更加充满生气。在教育领域，新区应致力于建设一整套的学校，特别关注改进原有新区教育的不足之处。我们将尽快启动公立小学与高中的建设，在新建住宅区里面按照要求对幼儿园进行建设配套，给孩子创造一个能够

短距离上学的便利条件。此外，为满足众多居民在医疗方面的需要，我们将对冀南新区人民医院的建造进行推进，使人们能在最短时间内进行使用。

②完善城市的综合功能，建设现代化新区。依照冀南新区的规划，马头生态工业城、科创城区以及职教城区这三个地区之间在区域上紧密相连。马头生态工业城尤其注重城市的更新，同时将深圳经济特区作为模范进行学习，积极推动自身的居住、商贸和交通功能的发展。科创城区可以说是一块新兴的领域，着力发展科技研发与会展这些方面的额外功能，以凸显新城区的现代特色。职教城区将充分利用邯郸国际职教城的建设，创建一个促进产业和教育有机结合、推动学校和企业相互合作的职业教育空间，这样就能够为新区企业提供所需的人才，实现更好的循环发展。新区应以建设生态谷公园和其他海绵城市项目为基础，推动智慧城市与韧性城市等全新理念与高新技术的应用。在城市基础设施建设上，应积极提前推进新一代基础设施建设项目，积极同上一级的国土空间规划、高铁规划、轨道交通规划进行对接，提前预留建设用的空间。这样不仅能够有助于高效地利用土地资源，还能够为未来的发展留出足够的发展空间，从而实现可持续的绿色推进。

3. 创新管理体制机制，推进高质量发展

根据国家发改委关于产城融合示范区建设的文件精神，我们要建立健全产城融合发展体制机制，鼓励产城融合示范区先行先试，探索可复制和可推广的经验。行政区划调整、管理体制变更等不确定因素对城市新区的影响是巨大的，要在深化改革的基础上，构建相对稳定的管理体制，从而方便形成战略定力和统一合力，以利于各项建设有效推进。

河北省正在积极研究新区立法，以提高新区治理水平与法治水平。依据我国国家级新区的法治建设经验，借助立法对新区的管理机制、策划与实施高质量发展、法治建设等全方位进行规范。积极推进邯郸冀南新区条例的制定工作，强化新区管委会的法律地位，以提高法治治理成效。此外，考虑对新区内设立机构进行法定机构改革，这方面可以参考深圳等地的实践。借助改革，不仅可以推动政务和事务分离的实现，还可以将公共服务质量进行提升，加快政府职能的变革。

为了激发工作人员的积极性，新区应主动研究人事与薪酬方面的改革机制，改进全员聘用制度，同时尝试引入双轨管理制度。在完善全员聘用制度时，我们特别关注优化干部的晋升机制。

## 第三节　山东省产城融合发展的路径选择及对策建议

### 一、山东省产城融合发展的路径选择

尽管山东省逐步提升了城镇化水平，使得各市的城镇化水平持续提高，但不同市之间的城市规模存在明显差异，并且城镇化水平还不够均衡。在推进山东省的城镇化进程中，也遭遇了一些挑战和难题，如城乡之间的收入差距扩大、某些城市的交通拥堵问题严重以及环境质量恶化等。

尽管山东省在促进产业发展方面取得了显著进步，但各个城市间的发展速度存在差异，甚至出现了发展差距不断扩大的情况。山东省的产业结构正在不断向更高端、更多元化的方向转变，目前已经实现了以“三、二、一”为主的产业结构布局。在山东省，不同类型的企业并存，它们在不同地区吸纳就业的能力也存在差异。越来越多的人在山东从事第二、三产业，而第一产业的就业人数比例逐渐降低。山东省的产业和就业结构之间存在不协调的问题，为解决这一问题，其生产力正逐渐向第二、三产业转移。随着产业的不断发展，山东省也面临着资源的过度使用和环境污染的问题。为了提高山东省的产业发展水平，我们需要坚持对外开放、推动产业升级、高效利用资源、保护环境，促进产业的可持续发展。

山东省一直致力于城市的发展，但是各个城市的发展速度仍有所不同。尽管现在城市之间的差距正在逐渐缩小，但山东省的空间规划设计仍存在瑕疵，造成了交通拥堵情况的发生。在山东省推进城镇化进程的同时，各地级市需不断提升城市建设水平，加大对公共设施、医疗、教育和住房等领域的投资力度，打造更加舒适宜居的居住环境，以满足人民群众的生活需求。同时山东省也应该加强文化和娱乐设施的建设，重视人们的文化和娱乐需求。

山东省一直在努力提升人的发展水平，在不同地区这方面的进展也存在差异。人的发展水平会直接或间接影响到产城融合发展水平，如通过城镇化水平、产业发展水平间接影响。在推进新型城镇化的过程中，为了实现产城的融合发展，我们必须始终以人民群众的需求和利益为出发点。地级市应当坚持以人为本的发展理念，将改革重心放在促进就业、增加收入、提高消费水平、完善社会保障和培养创新能力等方面，在城镇化进程中引导人们融入城市，并日益提高人们的生活水平。

山东省各城市的产城融合水平存在着不同程度的差异，而且不同地区发展提升的速度也不尽相同，导致它们之间的差距逐步扩大。山东省的产城融合规模已初具雏形，其中包括以产业园区为主导的模式、以资源带动为主导的模式、以对外贸易为主导的模式以及产城融合共建型等多种模式。山东省在推行产城融合发展的前提下，要注重产业、城市、人的协同发展，这是因为三者的发展之间有着很强的关联性，这三者的发展共同影响着产城融合的发展。人的发展水平与产城融合水平呈正相关，即人的发展共同越高的地区，产城融合水平也越高。这意味着要想促进产城融合发展，就需要将人的发展置于关键位置。

山东省各个城市的产城融合发展模式主要有以下几种。

①产业园区带动型。根据发改委下发的《关于支持各地开展产城融合示范区建设的通知》（发改办地区〔2016〕2076 号），在确定的全国首批五十八个示范区中，山东省就占了三个，在数量上与广东省并列第一，这三个示范区分别是潍坊滨海经济技术开发区、威海经济技术开发区和临沂经济技术开发区。

其中潍坊滨海经济技术开发区可以发挥滨海城市的发展特色，带动欢乐海旅游度假区、潍坊滨海产业园等产业园区的绿色低碳循环发展，从而协调共进地推动产城融合发展。

②资源带动型。由于东营市拥有丰富的资源条件，其作为一个成熟的资源型城市，推动了产业和经济的进一步发展。为了加速东营市产城融合的发展，必须提高资源的开发利用效率，并通过提升技术升级和开展深加工工业集约化来实现资源的高效利用。资源型城市应扩展产业链并增加其附加值，进而吸引高水平技术人才，推进产业结构升级和产城融合发展，并促进新型工业化发展。

③对外贸易带动型。凭借着威海得天独厚的地理开放条件，威海经济技术开发区的工作以推进中韩经济合作、加强对外贸易以及进行改革创新为重点，同时也在积极整合陆海贸易往来，促进产城融合发展。

④产城融合共建型。青岛蓝色硅谷核心区的五个小镇在功能上都很齐全，而且每个小镇都相对独立。这些小镇之间交通便利、优势互补，最终形成了一个有机的整体。小镇以人为核心，注重特色功能定位，促进基础设施、景观和公共服务设施的快速建设。青岛通过整合各种要素，促进产业、城市和自然的有机结合，营造一个让高端人才宜居、宜业、宜游的舒适生活工作圈。临沂市的产城融合示范区以现代产业优势（宜研、宜业、宜商、宜游、宜居）为基础，并以产业集聚与人口集聚为核心，采取综合化的城乡发展规划和公共服务一体化机制来贯彻产城融合发展理念，以此推动由生产型园区向综合型城市的转型。

此外，自2023年开始，山东省港口集团积极推动港口、产业和城市三子系统的融合发展，已相继在青岛、日照和烟台举行了多场港口、产业和城市融合发展建设项目竣工投产暨新项目开工仪式。该项目旨在以港口为核心、以产业为支撑、以城市为基础，通过港产城融合的方式创造新的生态系统，从而实现港口、产业和城市的互相融合和共同繁荣。

随着时间的推移，山东省的城镇化水平不断提高，经济实力稳步增长，公共设施逐步健全，产业发展趋势良好，就业状况也处于较为乐观的状态，人们的收入、生活和社会保障水平稳定提高。然而，这些良好发展的背后也存在一些难点需要解决，如山东省城镇化发展的不均衡性、城乡收入差距的扩大、某些城市交通堵塞、环境恶化等问题。随后，我们深入研究了山东省的产城融合形式，受资源、政策和地理位置等多种因素的影响，不同城市在实现产城融合方面也会出现多种不同的模式。为了推进产城融合发展，山东省应当根据当地的实际情况，采取适应的措施，提高产城融合发展水平，以推动经济和城市的协同发展。

## 二、山东省产城融合发展的对策建议

### （一）促进产业转型升级

发展产业可以带来双重效益，一方面可以创造更多就业机会，另一方面可以提供更多人们所需的日常生活必需品，进而提高他们的生活水平。相较于第一产业，第二产业和第三产业能够更有效地提供就业机会，同时生产效率也更高，特别是服务业具有较强的吸纳就业能力，并且能够提高人们的生活水平。山东省凭借得天独厚的地理位置和丰厚的文化遗产资源，具备极大的旅游发展潜力，可借此促进众多相关产业链的繁荣发展。

为了推动产业的发展，山东省不仅需要关注各产业自身的进步，还要加强各产业之间的协同合作，打破产业间的界限，实现产业的交叉融合。农家乐模式就是一个很好的尝试，它不仅将农业与旅游业相结合，提高了农业的休闲娱乐附加值，还开拓了农业的新市场。同时，我们还可以将农产品加工成独特的手工艺品，进一步拓展农业产业链，创造更多的就业机会。各市应该积极采取措施，推动不同产业之间的合作，实现产业间的互相推动和共同提高。这样不仅可以促进经济的发展，提高人民的生活水平，还可以增强产业的稳定性和可持续性，为未来的发展奠定坚实的基础。

## （二）优化城市空间布局

随着城镇化的加速发展，越来越多的人涌向了城市，导致城市的人口密度日益增加。这导致了一些城市问题的出现，如住房紧张、交通拥堵、医疗困难等。为了应对这些问题，我们需要优化城市空间布局，这涉及对居住区、商业区、娱乐区等进行有效的规划。在规划交通路线时，需要充分考虑不同的交通方式，如地下交通、地面交通和空中交通等，以确保规划合理。为了改善城市的交通情况，我们要完善公共交通系统，鼓励市民减少使用私家车出行的次数。除此之外，在交通繁忙的区域，我们可以建设地铁，将通行流向地下。

推动城镇化的进程需要同时升级相关基础设施。政府应进一步加强住房、道路、公园及学校等基础设施建设，以建立一个布局科学、功能完备、衔接紧密的基础设施网络体系。同时，政府应该将民间资本引入基础设施建设中，形成人人互助、相互促进的局面。此外，政府需要增加在教育、医疗等方面的投资，以提升城市的教育和医疗水平。通过城市规划和开发，创造一个适宜工作、居住和生活的优美环境。

## （三）促进区域间协同发展，实现优势互补

当前，山东省各城市之间发展不均衡的状况对于社会的和谐稳定是有影响的。为了促进山东省各市的产城融合发展，政府需要尽快出台具有指导性的政策，合理规划各市的产城融合发展方向；还需要积极实施创新驱动战略，以推动产城融合示范区的快速建设。目前山东省的三个示范区应该担负起引领责任，带动山东省其他城市的产城融合发展，以推动城乡一体化发展。

山东省要努力推动资源要素有序流动，以实现各省市之间的优势互补、积极互动和共同繁荣发展。山东省应加强交通引导，建立城市群三小时交通圈，以及都市区节点县市 1 小时交通圈，以方便人力和资源等要素的流动。同时，设立区市中心城区和周边县市 1 小时通勤圈，将山东省各大、小城市连接起来，以促进各城市之间的协调发展。在全国范围内，建设联通各地的铁路、公路等交通网络，形成生产要素之间良性互动的交通圈和通勤圈。通过充分发挥各地区的优势互补作用，推动各地区共同发展，实现共赢，促进各地区的繁荣发展。

## （四）打造港产城融合新样本

山东港口毗邻日本和韩国，同时又连接着丝绸之路经济带，它的北面靠近京津冀城市群，南面与长三角经济带和粤港澳大湾区相邻。山东港口包含 17 个主

要港区、拥有300多个大小不一的泊位和超过300条集装箱航线。山东港口借助其非凡的地理位置和资源优势，专注于供应链的发展、生态圈的建设以及满足新需求的提供三个方面。同时，山东省在加快建设世界一流的海洋港口，以此为其他地区提供可借鉴的发展模式。

山东港口要持续加强“三位一体”发展模式，一是通过延伸辐射产生带动效应。要持续改善港口互联互通的能力，可以通过增加海上航线、提升舱容、发展中转，以及陆上开设班列、建设陆港和拓展资源等方式来实现。建立一个连接全球、覆盖内陆的集装箱航线和海铁联运班列网络。二是确保内循环畅通无阻。山东港口可与沿海主要港口达成战略合作协议，与沿黄城市和山东省的16个城市达成战略合作，开辟连接贵州、云南和广西的物流大通道，同时推出“内贸外运”运输模式，从而全面提升港口服务能力。三是进一步健全当代的流通网络。山东港口可持续利用科技为运输网络提供更多支持，创新实行全程联运提单“一单制”模式，以便降低客户成本。建立一个智能空轨集疏运系统，即将空轨技术和码头集装箱业务结合，使港口集装箱集运从“平面交通”转向“立体交通”。还要大力推进智慧港口＋智慧航运＋智慧城市＋工业互联网的发展，实现智能化和环保的绿色港口设计，在城市和其他业态方面实现更深层次的融合。

现代物流体系的一个重要特征是供应链各个环节之间紧密相连、相互影响，形成了更广泛的生态圈层。只有在更广泛的生态圈层中充分发挥各自的作用，促进各个方面、各个领域的深度交融，才能使得整个供应链、产业链、价值链不断拓展和繁荣。需要注意的是，港口应充分利用其作为综合枢纽和“万能接口”的特点，为供应链提供多种解决方案，从而建立一个共享经济生态圈层。

山东港口正在积极构建生态圈层，与供应链和产业链上的合作伙伴保持紧密合作，以协作的方式实现互利共赢的目标。同时，山东港口还致力于打造东西双向互济和陆海内外联动的发展模式，以此来加速实现“五个转型”：从交通物流枢纽向供应链枢纽和产业链集成平台的转型；从追求规模扩张转变为追求质量效益；从仅依赖传统业务转变为同时以传统业务和新兴业务为支撑；从以运输生产资料为主转为共同运输生产资料和生活资料；从以传统要素为驱动力转变为以创新为驱动力。山东港口的临港产业正在实现新型供应链体系的建设，通过人流、物流、信息流和资金流的深度融合不断提升城市服务水平，同时逐步转型升级传统临港产业，使其朝着新型临港产业发展的方向迈进。

## 第四节　江苏省产城融合发展的路径选择及对策建议

### 一、江苏省产城融合发展的路径选择

产城融合旨在通过优化产业结构和提高城市功能来推动整个社会的和谐发展。这种有机融合将产业、城市和人类三者紧密连接在一起，并促进它们之间的良性互动。产城融合具有三个主要特点，分别是结构匹配、功能融合、以人为本。要实现产业与城市的协调发展，就需要合理配置生产资源和生活要素，并促进产业与城市的融合，最终达成人与自然和谐共处的目标。

产城融合理念强调了区域产业空间和社会空间之间的有机结合与协调发展，旨在实现由功能主义转向人本主义，也就是追求以人为本、满足人类生存需求，并激励个人实现自我价值。因此，产城融合也是社会发展到一定阶段的产物。回顾江苏省产城融合发展的历程，我们可以将其分为三个不同的阶段，每个阶段都有其独特的发展重点和方向。

第一阶段是江苏省产城融合发展的成型期，旨在通过“以产兴城”的思路来推动城市的发展。在成型期，全球的跨国公司开始将产业转移至低成本的新兴制造基地，江苏省的开发区、工业园区等先驱地区成为吸纳国际产业转移的主要场所。外国投资是主要的资金来源，生产的产品主要销往国外市场，各类产业园区和开发区为江苏省带来了新的发展动力。同时江苏省也采取了产业与城市建设并进的策略，以更好地接纳产业转移。现今，因为科技上的限制以及国外投资者的心理，所以工厂主要集中在城市的边缘地带，每个工厂所占用的土地面积较为有限。就产业类型而言，成型期的产业以工业为主，第三产业所占比例较小。

第二阶段是江苏省产城融合发展的成长期，这一时期的主要思路是“产转城升”。随着国际产业转移不断深入，许多跨国公司开始寻找合适的产业链条，从而在江苏省周边的乡镇落地生根。由此，产业链条得到了完善和补充，同时促进了区域和乡镇的加入，形成了协同作用，推动了整个产业链的联动式发展。在前期大量引进项目、建设和开工的基础上，苏州工业园区、无锡高新区等多个开发区积累了大量资本，并已完成初步建设。现在这些开发区正着手转变为提供完善公共服务的多功能开发区，而不仅是以工业为主的生产开发区。开发区纷纷投入巨资加强基础设施建设，同时积极进行土地开发以扩大产业规模。在当前阶段，

高新技术产业是主要产业，致力于优化和升级产业结构，以促进第三产业的增长，从而推动内需扩大，并提高居民的生活水平。这一时期工厂的占地面积不断扩大，使得工厂与周边城市间的联系愈加紧密。随着时间的推移，居民就业日益多元化，高科技产业的从业人员比例不断攀升，但仍有大量人员从事基础工厂作业，因此收入不平等问题也逐渐浮现。在这个时期，最显著的改变是各个开发区服务设施的规模初步形成，建设了大量能够为居民提供日常生活服务的设施，如酒店、餐厅、超市、邻里中心、单身公寓等，这些都是与居民的生活和生产密切相关的。

第三阶段是江苏省产城融合发展的成熟期，这一时期的主要方针是实现“产城共荣”。前两个时期的主要任务是促进产业的发展，而现在，开发区已经转型为具有产城融合特色的新兴城区，表明已进入成熟期。前两个时期的迅速发展主要源于国家政策的扶持，但在成熟期开发区正逐渐依赖自身的优势来取得发展。就产业结构而言，如今的主要产业已从工业转移到了服务业和房地产业，同时产业的发展也更加注重生产的高效化与智能化。从就业人群来看，随着社会分工越来越细，就业领域变得越来越多样化。因此，就业人口的群体也变得更加多元化和复杂化。在前两个阶段的基础上，我们已经走出了一条具有江苏特色的产城融合发展之路。前两个时期主要是建立产城融合的根基，并推动工业化以确保顺利推进融合过程。而这一时期主要是努力推动产城融合向更加高级、更有深度的发展方向前进，同时还要优化城市和产业的进展，提高社会进步的素质和特性，以实现全面的社会和谐发展目标。

在我国经济转型升级的背景下，产城融合被作为一种发展思路提出，要求对产业和城市的功能、空间进行整合。随着江苏省不断优化升级产业和推进城镇化进程，产城协调发展在日益变化的环境中面临着许多问题和挑战。主要体现在以下几点。

①规划引导缺乏衔接。城市规划在城市发展的道路上扮演着举足轻重的角色。它不仅关乎着城市的整体形象，还影响着市民的生活品质。然而，当前江苏省部分城市存在一个明显的问题：城市总体规划与园区规划之间缺乏必要的协调与一致。这导致了两者在发展方向上经常出现偏差。城市总体规划与园区规划是两个重要的规划体系，但它们由不同的职能部门负责制定。在制定过程中，由于各部门之间缺乏有效的沟通与协调，往往导致目标与实际执行的相互矛盾。这种矛盾进一步加剧了城市发展的不稳定性，给城市带来了诸多不确定因素。比如，城市绿化、基础设施建设和道路建设等方面就无法跟上这一节奏。城镇的基础设施未能与产业发展同步，导致城镇的许多功能不够完善。也正是由于上述因素，许多

人才拒绝来到江苏，导致人才的流失。人才的流失又会加剧城市的引导衔接问题。

②产业园区经济导向过度。产业园区经常是城市规划中的重要组成部分。然而，很多时候，这些产业园区在规划过程中过于依赖经济，园区基本只为经济活动服务，却忽视了更为全面的考量。这种规划方式导致的结果是，产业园区往往只能停留在单一的生产型经济园区的层面，而无法进一步发展为综合性的城市区域。缺乏居住设施和公共服务设施的支持，使得产业园区在吸引和留住人才方面存在困难。尽管产业园区在土地、产业和人口方面实现了城镇化，但在优化城市功能方面却显得相对不足。这种不足体现在缺乏公共空间、绿化环境、文化设施、娱乐设施等多元化的城市功能，使得城市发展的可持续性大大降低。未来的城市规划中，不仅需要关注产业的发展，还需要对整体的城市功能进行全面的优化。只有这样，才能实现真正的城镇化，使城市在经济、社会和文化等各个方面都得到全面的发展。

③城镇化与工业化不协调。一些城镇在快速的城镇化过程中，过于偏重工业的发展，而忽略了城市的其他方面，导致土地和人口城镇化失衡。这不仅产生了“空城”“鬼城”这样的有房子但没人住的问题，还产生了新的社会矛盾。在这个过程中，农村的留守儿童、老人问题也日益严重，给社会带来了更大的挑战。随着大量农村人口向城市迁移，适应城市生活对进城的农民工来说是一个巨大的挑战。无论是主动进城的还是被动进城的农民工，都找不到适合自己的岗位和生活方式，往往只能在城市边界处找到一些体力工作，这类工作的收入普遍不高，更使得他们无法进入园区进行活动，即使进入园区也只能在园区的周边进行简易的消费。这种状况让他们即使来到城市也很难真正融入城市生活当中。

在城市不断更新发展的过程中，江苏省应该采用循序渐进的方法来善用现有的土地资源，采取以点带面的方式来推动城市生态的恢复，逐步完善城市服务设施。同样地，江苏省还应该激活、培育和孵化有高附加值和高度聚集的产业，以配合城市、街区和园区的发展，实现产城融合发展，吸引更多人涌入城市，进而使城市功能得到全面升级，实现城市发展目标。对于江苏省的其他港口城市，如南通、连云港等城市，应探索港产城模式，因地制宜地推进产城融合发展。

## 二、江苏省产城融合发展的对策建议

### （一）推进规划一体化

在江苏省各市实现产城融合发展之前，需要明确各地区的发展现状。对于那些处于起步阶段的开发区来说，应该将产城融合作为发展的关键目标，并采取分阶段的方式进行推进。对于那些产业成熟但设施落后的地区，我们应采取一系列措施来为就业人群建立配套服务设施，从而促进产业与城市的融合。这不仅有助于提高当地经济发展水平，还可以改善居民生活质量。我们应该重视规划的作用，通过科学合理的规划，可以推动产业经济、土地空间利用和环保的全面发展。这样不仅可以实现乡镇和城市各区的协同发展，还可以提高土地的利用率，实现资源的最优配置。我们需要改进土地利用制度。在制定土地利用政策时，应综合考虑住宅、生态和交通等与经济发展相关的因素。这样可以确保城市发展的可持续性，并为居民提供更好的生活环境。此外，虽然协调各种规划的衔接是必要的，但是一体化融合不一定需要新建新城。我们可以通过优化现有城市功能，提高城市承载能力，实现产业和城市的有机融合。这样不仅可以减少新建新城的成本，还可以避免城市过度扩张带来环境压力。

**（二）实现产业集群效应**

江苏省各市应充分利用其独特的资源优势，以发展具有地方特色的优势产业为己任。这不仅需要加大招商引资力度，还要积极引进创新企业，以实现产业规模的扩大。在产业规划上，应重点关注关键企业、大型企业或集团企业的培育与发展，通过产业链的完善与提升，形成相互关联的企业群体。这不仅能优化运营模式，还能提升地方品牌的知名度，从而增强市场竞争力。总的来说，江苏省各市应致力于打造具有核心竞争力的企业群体，以推动地方经济的持续发展。

现代城市发展要求各个城市之间必须协同发展，需要集合各城市以及产能之间的优劣势，以实现产业集群效应。只有构建现代化产业园区，才能形成有地方特色的先进产业链，推动产业升级和转型。同时，江苏省要加强基础设施建设、提高生产标准，以吸引更多农村人口聚集、促进城市人口和产业相对集中。这一举措将进一步推动乡镇地区与新型城镇化共同繁荣。以江苏省常州市金西工业园为例，该园区通过实现产业集群效应，已经成为一个繁荣的工业基地，为当地经济带来了巨大的贡献。这证明了实现产业集群效应的重要性，以及加强城市与乡镇联合发展的必要性。因此，我们应该继续采取有效的措施，促进产业与城市的融合发展，支持企业与乡镇联合发展，实现产业集群效应。

**（三）推进城乡公共服务一体化**

由于多种因素的影响，江苏省的地方资源分配并不平均，其中教育、文化、卫生等资源分配不均问题极为突出，一些地区的基础卫生条件与教育条件远不如本省的大城市。由于资源分配的不合理，乡村地区居民无法享有平等的资源，这并不符合我国现在的整体发展理念，同时也造成了许多区域发展困境。我们想要实现城乡公共服务一体化，就应当关注到这些资源分布不均的问题，注意并缩小区域发展的差距，注重城乡发展差异，缩小城乡建设差距。我们应着重关注乡村地区的养老保险、医疗保险以及生活保障措施问题，同时保证基础的医疗条件。此外，我们应建立专项财政资金投入机制，用于投资养老保险、合作医疗和义务教育等领域，同时还要加快建设公共服务型政府体系，致力于解决农村社会发展中公共服务质量低和供需矛盾等问题。在解决这一问题的过程中，要将中心镇作为主要推动力和工作平台来推进此项工作。

#### （四）注重构建协作机制

为了贯彻实施国家重大战略目标，江苏各城市不仅应加强在新型城镇化领域的深入合作，还要在推动工业化和城镇化方面形成紧密的协同关系。为了确保资源的合理分配和有序利用、避免各地的重复投入和无序竞争，建立一套有效的紧密协作机制势在必行。其中，开发区与周边地区的协作机制是关键。通过这种机制，各地可以更好地实现资源共享、优势互补，进而推动区域经济的持续发展、健康发展和快速发展。同时，这种协作机制也有助于提升江苏整体的经济实力和影响力，为未来的发展奠定坚实的基础，从而提升城市服务的可持续发展水平，全面推进该地区的发展进程。

## 第五节　福建省产城融合发展的路径选择及对策建议

### 一、福建省产城融合发展的路径选择

福建省地处东海与南海交汇处，是海上丝绸之路和郑和下西洋的起点，同时也是中国重要的制造业中心和民营经济活跃发展的地区。福建省近年来积极响应党中央推进高质量发展的号召，相继获批自贸试验区、“21 世纪海上丝绸之路”核心区等称号，并在数字经济、海洋经济、绿色经济领域取得了显著的成就。福建省正逐步崛起成为中国经济增长的新引擎，是继长三角、珠三角等经济区之后的重要力量。

福建省各市在产城融合发展方面的水平存在明显的差异。福建省有一个关于

产城融合度的排名，排名越靠前，说明该城市的产城融合度越高，其中厦门、泉州、福州在福建省的九个城市中分别是第一、二、三名。南平市与其他八个城市相比，其产城融合度低于省内的平均水平。此外，由于福建省沿海城市处在开放的经济环境中，这些城市的产城融合度普遍比内陆地区更高。相比于西部，东部沿海城市的产城融合度更高，这主要是由于沿海城市强大的产业实力。

福建省的城市规模大小会受产城融合发展水平的高低影响而产生不同的结果。福建省人口最为密集的三个城市是福州、厦门和泉州。此外，近十年来，这三个地方的人口增长率最高，城市规模也显著扩大，超过了龙岩、南平、三明等地。在规模效应的推动下，这三个城市的产业发展水平、城市承载能力和人的发展水平均位列前三，可见其产城融合效果也很不错。

福建省内的产城融合发展尚未达到协调同步的状态。福建省的许多城市在城市建设和人的发展方面没有与产业发展协调配合。表现最为显著的就是三明、南平、龙岩、宁德等城市，这些城市的承载功能与人的发展均落后于产业发展，这在一定程度上阻碍了产业结构的优化和升级，进而使得一些城市的老城区产业升级步伐缓慢，新区则出现了“空心化”的情况。

福建省的厦门、泉州和福州三个城市正是因为有着良好的区位发展优势，才使得产城融合程度较高，并成为国家发展战略和省内规划建设的核心区域。福建省之所以能够全面推动高质量发展并实现超越，是因为政策扶持力度大、区位条件优越、基础设施先进、人口规模效应发挥作用明显。近年来，受福州和厦漳泉都市圈的影响，厦门、泉州、福州城市的城市功能和产业布局逐渐得到完善，科技水平也不断提高，产业结构逐渐合理化，产城融合发展水平也在逐渐提高。

漳州和莆田的产城融合度处于中等水平。近年来，漳州市的发展战略是“依港立市，工业强市”。通过这一战略，漳州市的产业结构不断优化，形成了以食品、机械、电子、电力为主导产业，同时重点发展石化、特殊钢铁、汽车汽配、船舶等战略性产业的结构，其产业发展态势良好。由于城市基础设施的不足和配套建设的不健全，产业和城市的协同发展受到了制约，从而阻碍了产城融合发展的推进。莆田市的产城融合综合评价指标体系表明，其产业发展水平落后于城市的承载功能。这主要是因为莆田市位于泉州和福州之间，该地区受到虹吸效应和空间腹地狭窄等多个因素的影响，导致该城市的产业结构不太理想，产城融合度相对较低。

在产城融合度中，属于低度融合型的城市为龙岩、三明、宁德、南平，这表明它们在城市功能建设、产业高端化以及人的发展方面没有达到同步发展的程度。

城市的基础设施缺失和吸引力不足，阻碍了其产业的发展和支撑城市的功能。同时由于龙岩、三明和南平地处福建内陆山区，其发展和交通受到地形的限制，相较于福建沿海城市而言，城镇化水平和人口密度也较低。同时，这些城市也是生态建设的重点地区，承担着保护生态环境的政治责任。因此，产城融合发展受到了一定的限制。尽管宁德位于海岸线沿边，但其地形主要为山地和丘陵，使得该市无法大规模建城建厂。

21 世纪是海洋的世纪，湾区更是当今世界最重要、最活跃的经济带。国外的纽约湾区、旧金山湾区、东京大湾区，国内的粤港澳大湾区、环杭州湾大湾区都是闻名世界的经济活跃带。这些区域人员密集，单位面积土地产值高，科技创新能力强，文化潮流先进超前。湾区已经成为新时代引领、推动每个沿海国家和地区经济社会前行发展最为强劲的“火车头”。兴化湾是福建省最大的海湾，位于福州、莆田连接地带，湾口即为平潭岛和南日岛，深水港口、工业用地和海域面积媲美青岛胶州湾，是福建省发展湾区经济的最佳载体，其长期保持强劲的发展势头，具有巨大的发展潜力。

依托兴化湾可有效推进福、莆、岚三地实现共赢发展，促进福州都市圈向海图强。湾区经济既对接海洋世界、海洋城市的时代浪潮，区域间也存在互补共赢的多方利好。兴化湾是莆田的发祥地，是莆田融入福州大都市圈的桥头堡。兴化湾南岸的涵江是福州都市圈发展宜居港城、推进港产城融合发展的绝佳之地。涵江旧称小上海、小香港，位于莆田母亲河——木兰溪汇入兴化湾的入海口，是我国著名的侨乡。木兰溪三角洲气候宜人、水源充沛、地理条件优越、经济繁荣，是我国少有的宜居、宜业、宜商之地。此外，兴化湾位于福建沿海中部，正面台湾中部，在兴化湾畔建设福州都市圈新港城辐射全省各地更均衡，距离江西、湖北、重庆更近，也更有利于促进海峡两岸往来。平潭岛地处兴化湾口，依托兴化湾，可立即将环兴化湾区拓展成为平潭综合实验区的发展腹地。推动环兴化湾区融合一体发展对于推进福州大都市圈建设具有重大意义。

## 二、福建省产城融合发展的对策建议

产城融合是一种发展模式，它将产业、城市和人融为一体。这种模式是人类社会发展的必然趋势。在推进城镇化过程中，如果脱离产业和人的发展想法，那么将是不切实际的。福建省的产城融合发展呈现出明显的区域特征和人口规模特征。区域特征表现为闽东南沿海城市的产城人融合度相比于闽西和闽西北地区更为突出。人口规模特征通常表现为人口数量较多的城市更容易实现产城人的融合。在产城融合发展过程中，人的发展是最重要的指标之一，因为人是城市建设和产业发展的关键驱动力和重要桥梁。因此，在推进产城融合发展的过程中，应该更加强调人的作用和重要性。

因此，福建应根据自身实际情况，科学地厘清产业、城市和人的发展之间的内在联系，并积极探索提升产、城、人的融合水平的有效途径。

第一，为了挖掘产城融合的新潜力，高度融合型城市如厦门、泉州、福州等应该利用其现有的城市建设运营系统，进一步加强新城区基础设施的建设和老城区的改造。为了进一步促进要素集聚，在中心城市建设政策下，可以加强城市规划和功能设计，提供广泛而优质的公共服务。同时，还可以全面推进产与人、人与城的融合发展，以逐步缩小与国内其他产城融合度更高的城市之间的差距。

第二，对于中度融合型城市，比如漳州和莆田等城市，应该加强其与区域中心城市间的分工协作，以便实现合作发展。我们可以通过城市功能互补逐渐提升一体化水平，还可以加强内外部联系、增强资源聚集能力、巩固基础产业和发展特色产业等，并要注意结合当地的发展需求。

第三，龙岩、三明、宁德、南平等城市具有低度融合的特点，适宜作为沿海地区产业转移的目标地，且有着较大的产业发展提升空间。因而，在引进和规划产业时，应该避免接手那些“三高一低”的产业，同时要牢记产业发展的通则。积极参与闽西南、闽东北协同区的建设，注重引进高端制造业和推动生产性服务业的发展，以提高城市建设和服务水平为目标不断努力。

第四，对于推动产城融合发展的各类城市而言，需要充分重视人的主观能动性的发挥。通过制定人才政策、强化城市功能、创建特色产业群等，我们可以在制度、居住、就业等方面打造更具吸引力的人才聚集地和发展高地。这不仅可以使人得到全面发展，还会成为推动经济发展的核心推动力。

第五，因为资源型城市的生产结构和社会结构限制了产城融合的实现，且随着城市规模的增大，这种制约也会变得更加明显。所以，为推动三明、龙岩、南平等资源型城市的发展，我们需要在增强产业基础的同时，改变发展思路，不再固守单一城市生产功能，而是注重提升城市的生活功能，扩大公共服务覆盖范围，并积极推进宜居城市建设。另外，我们应科学地确定城市发展方向，并重视发展与当地资源相契合的优势产业，同时，探索产城融合发展新模式也是极为关键的。

# 第六节 广西壮族自治区产城融合发展的路径选择及对策建议

## 一、广西壮族自治区产城融合发展的路径选择

目前，我国经济正在从快速发展转向高质量发展。我国正处于产业结构转型升级、增长动力转换的关键时期。为了促进经济高质量发展，我们应该发展现代化的产业体系，实现城市和产业之间的有机融合和相互促进，推进产业、城市和人之间的互动，这是实现新型城镇化的重要举措。当前广西地区正处在推进新型城镇化构建及发展的阶段，其各级政府正在积极规划并努力实现人、产业和城市的有机结合。对于广西而言，在财税层面加强对“产城融合”理论的研究尤为关键，这将有助于广西打造新的战略支点，进一步促进产业的升级转型，并实现资源的最优配置。

近几年，广西经济社会发展稳定，经济实力不断增强，产业结构也在不断优化。广西的经济发展稳中向好，为促进产城融合发展提供了良好的条件。同时，产业和城市之间的相互作用也呈现出互动、互促的趋势，这有助于实现产城融合发展的目标。

产城发展的差距不断缩小将十分有助于推动产业的升级。近几年，广西政府高度重视城镇化的发展，并且不断加大对城镇化的支持力度。这也使得广西的城乡发展差距逐渐缩小，同时广西城镇化率低于工业化率的情况也开始改善。

产业与城市之间的相互作用促进了产业的快速发展。自从国家推行北部湾经济区开发战略以来，广西现代工业进入了提升质量、增强效益的新阶段，同时现代服务业也开始迎来快速发展的新时期。根据广西的城市发展可以看出，广西各类城市经常利用产业园区（如开发区和产业转移园）作为新城区的重要基础，这种方式可以通过扩大城市空间范围的方式，来创造出一个全新的城市区域。

近年来，广西北部湾港在国家发展战略中的地位越来越重要。它已成为西部陆海新通道项目的重要门户和交通强国计划下的国际海港枢纽。通过对广西北部湾港发展现状进行分析，广西提出了促进经济高质量发展的思路。具体来说，该思路就是完善基础设施，共建西部陆海新通道；对标世界一流港口，建设智慧、绿色港口；对接区域全面经济伙伴关系协定，打造对外开放合作新高地。

首先，国家政策文件给予了极大的支持。我国西部地区唯一的海上交通出口就是广西北部湾港，它是西部陆海新通道的关键中心之一，并且在建设过程中具有独特的区位优势。根据国家发改委 2019 年 8 月发布的《西部陆海新通道总体规划》，我国拟建设广西北部湾国际门户港，用以提升通道出海口功能。2021 年 2 月，国务院印发了《国家综合立体交通网规划纲要》，指出广西北部湾港将升级为国际枢纽海港，这意味着广西北部湾港在国家发展中的地位将大幅提高，成为国家最为重要的港口之一。随着广西北部湾国际门户港建设的加快，国家和自治区相继推出了多项支持政策，旨在提升其国际物流中心港口的地位，为实现北部湾的高质量发展提供有力保障。

其次，港口设施不断得到提升和完善。受西部陆海新通道建设及北部湾国际门户港、国际枢纽海港计划的影响，广西北部湾港积极加强基础设施建设，为西部陆海新通道的建设奠定了基础。如今北部湾港配备了上百个生产性泊位，并实现了远洋航线零突破，其综合设计吞吐能力可达上亿吨。北部湾港已开通连接全球 100 多个国家和地区的 200 多个港口通航，基本上覆盖了我国沿海和东盟的主要港口。同时它也是重要的海上交流合作枢纽，为促进我国与东盟国家之间的合作发挥着关键作用。此外，北部湾港不断加大投资力度，努力推进港口和航运基础设施的建设，取得了一系列重大港口和航运设施建设项目的突破性进展。

最后，港口的综合服务能力得到了提升。为了提高广西北部湾港的西部陆海新通道国际门户港的地位，广西港口进行了与国内先进港口的比较，并在此基础上进一步加强了服务意识，大力提升了综合服务能力。

我们要把握好广西北部湾港的重要战略定位。在新形势下，国家赋予了广西“三大定位”的新使命，广西北部湾港应当按照习近平总书记在广西“4·27”重要讲话中提出的指引，并积极开展学习、推进实施工作，致力于将港口建设、管理和发展提高至国际一流水平。广西北部湾港应遵循“一流设施、一流技术、一流管理、一流服务”原则，同时也要围绕“安全便捷、智慧绿色、经济高效、支撑有力、世界先进”五方面来加强港口的综合枢纽作用，提高港口的发展水平，打造一个智慧、绿色、安全的世界一流港口。

我们要把握好广西北部湾港发展的新机遇。自由贸易区规模最大的全球经济体于 2022 年 1 月 1 日正式形成，这是在《区域全面经济伙伴关系协定》（RCEP 协定）生效的情况下实现的。RCEP 协定的实施，使广西能够充分利用自身的地理位置优势，积极推进高水平的对外开放，更为迅速地融入新的发展格局——

“以国内大循环为主体、国内国际双循环相互促进”，同时也能为其带来发展机遇。广西北部湾港作为连接西部陆海新通道的重要港口，也是我国对东盟开放的重要门户港口，应该充分利用 RECP 协定带来的新发展机遇，提升营商环境，加强港口基础设施建设，扩大集装箱的外贸航线覆盖范围，并构建中国 - 东盟多式联运联盟，以确保国际供应链畅通无阻，并最终推动北部湾港成为通向全球的国际航运港口，成为国内国际双循环重要节点的枢纽。

广西北部湾港是广西重要的发展引擎，它将通过优化管理，推动临港产业的繁荣发展。广西北部湾港将采取积极的措施，加速产业集聚，吸引更多优质企业入驻，形成产业集群效应。这不仅有助于提升港口的整体竞争力，还将推动枢纽和通道经济的快速发展。同时，该港口将加强与城市的互联互通，实现港城一体化发展，为当地居民带来更多就业机会。广西北部湾港还将发挥其地理位置优势，吸引和聚集西部地区的资源和产业。通过与西部地区建立更紧密的合作关系，将有助于实现资源的优化配置和产业的互补发展。此外，随着 RCEP 协定的实施，广西北部湾港也将成为连接 RCEP 国家的重要枢纽，为广西带来更多的发展机遇。通过构建完整的产业链和优化产业布局，广西北部湾港将建立起现代化的港口工业体系。这不仅将提升港口的整体实力，还将促进广西经济的持续增长和发展。

## 二、广西壮族自治区产城融合发展的对策建议

### （一）抓住北部湾港产城融合发展的机遇

进一步推进广西产城融合发展的新机遇——北部湾城市群重磅出台，助推广西实现新跨越。2017 年北部湾城市群发展上升为国家战略，其为广西发展指明了方向。“一湾双轴、一核两极”的城市群框架明确了南宁在北部湾城市群中的核心城市地位，指明了广西临港工业、商贸物流、新兴产业等产业的发展方向和重点。

1. 完善基础设施，共建西部陆海新通道

我国的西部陆海新通道是西部向海发展最重要的通道之一，而广西北部湾港则是这一通道的国际门户，因此，广西北部湾港在我国西部地区的发展中具有重要的战略地位。在建设西部陆海新通道的过程中，要实现广西北部湾港的高质量发展，就应当加强互联互通的基础设施建设，尤其要聚焦于北部湾国际门户港的打造。这一决策意味着对港口基础设施的全面升级和优化。为了接纳世界各地的

大型船只，打造高能级的港口枢纽，广西北部湾港需要专业化泊位、深水航道等核心设施的配套建设。同时，改善30万吨级大型船舶的航行通道是关键，这需要我们加大专业化锚地、防波堤等基础设施的投入与建设力度。集装箱码头作为港口的标志性项目，应为建设重点：既要新建一批先进的集装箱码头，又要对现有的码头进行改造升级，双管齐下，加快大型专业化码头的建设步伐。这将进一步提升港口的运营效率和能力，增强广西北部湾港的综合竞争力。同时，广西北部湾港还需要注重铁路集疏运建设，尤其是港口与铁路的联运能力。这需要我们加强铁路进港的覆盖范围，确保西部地区和RCEP国家的货物在广西北部湾港能够实现海铁联运的无缝衔接。这将极大地提升广西北部湾港作为国际物流枢纽的地位，进一步促进广西及周边地区的经济发展。

2. 对标世界一流港口，建设智慧、绿色港口

广西北部湾港在陆海新通道中的地位举足轻重，其作为中国与东盟国家之间的重要枢纽，承担着促进中国与东盟贸易往来的重要责任。为了进一步提高广西北部湾港的竞争力，推广5G、北斗定位和人工智能等先进技术变得尤为重要。这些技术的应用将极大地提高港口的智能化水平，加快货物的流通速度，提高港口的运营效率。建设自动化集装箱码头是建设一流大港的关键。通过自动化技术，不仅可以提高码头的装卸效率，还可以减少人力成本、降低操作失误率、提高码头的可靠性和安全性。这将使广西北部湾港在陆海新通道中的地位更加稳固，可以更好地服务于中国与东盟之间的贸易往来。与此同时，升级“北港网”平台功能和提升信息化建设水平也至关重要。通过整合港口、航运和贸易数据，利用云计算、大数据、区块链和物联网等创新技术，实现数据互联共享，将为广西北部湾港打造一个智能化的信息平台。这将使港口的运营更加高效、透明和可靠，为货主和船公司提供更好的服务体验。为了贯彻绿色发展理念，广西北部湾港还应积极采取措施减少废气排放并加强污染防治基础设施建设。这将有助于推动水上交通向绿色转型，保护环境，实现可持续发展。同时，广西北部湾港还应探索更多的绿色技术和解决环境污染问题的方案，以进一步提高港口的环保水平。

3. 对接RCEP协定，打造对外开放合作新高地

为了进一步扩大对外开放，广西应当充分利用RCEP协定带来的机遇，加强陆海新通道建设，推动广西北部湾港与RCEP成员国之间的贸易往来，打造对外开放的新高地。首先，广西需要增加和优化国际航线。不仅需要增加航班次数，还需优化航线网络，以更好地连接东盟国家和RCEP其他成员国。通过这种方式，广西可以提升自己在国际航运中的战略地位，进一步融入全球经济体系。其

次，广西需要推动临港产业的高效聚集。通过优化产业布局，实现产业链的协同效应，打造具有核心竞争力的临港产业集群。这样不仅可以促进经济的发展，还可以为当地居民提供更多的就业机会。再次，广西可以积极发展枢纽经济和通道经济。利用其地理位置优势，加强与RCEP成员国之间的贸易往来，打造跨境产业链和供应链，促进双方的经济发展。同时，广西还可以通过发展通道经济，提高自身的国际影响力，吸引更多的投资和资源。最后，广西需要加强国际区域合作交流。通过加强与RCEP成员国之间的政治、经济、文化等方面的交流，推动多层次、多领域的合作，实现互利共赢的目标。同时，广西还可以通过引进先进的技术和管理经验，提高自身的创新能力和发展水平。

### （二）加大开放开发，积极招商引资

由于中国－东盟自由贸易区升级进程的加速、珠江－西江经济带建设的不断推进，以及沿边金融综合改革试验区的打造，广西已成为极其重要的对外开放门户之一，在全国的开放和开发过程中也发挥着极其显著的作用。

广西应促进产城融合发展，吸引优秀人才助力地区发展。产业支撑是新区可持续健康发展的不可或缺因素。近年来广西一直致力于发展本土产业，各级产业园区和新区都在加快现代工业和服务业的发展，不断推动产城融合发展，积极打造新的发展高地。例如，在南宁的五象新区，有一个叫做“两基地一中心”的地区，也就是区域性的国际商贸物流基地和现代先进加工制造基地、总部企业及区域金融中心和“五象商圈”，以此努力打造产城发展新高地。

### （三）结合实际，进一步推进产城融合发展

广西在推动新型城镇化时，应注重城市空间规划的灵活性。广西应根据不同产业的特点和影响，有针对性地调整规划，促成产业与城市的和谐共生。对于资金密集型产业，由于其对城市交通和环境的影响较大，因此应将其布置在远离居住区和服务中心的位置，以减少对城市生活的干扰和对环境的影响。对于劳动密集型产业，可以通过合理规划，实现产业区域与城市住宅、服务中心和生态景观的有机融合，使产业的发展与城市居民的生活相互融合，提升城市的整体发展水平。对于技术密集型产业，因其具有就业密度高和用地紧凑的特点，可以通过细致的规划和区分，实现产城融合，进而推动新型城镇化的进程。同时，政府应加强引导和调控，确保城市规划的科学性和可持续性，减少产业发展对城市环境和社会的负面影响。通过合理的城市空间规划调整，广西可以有效地推动新型城镇化进程，实现产业与城市的和谐共生，促进经济社会的可持续发展。

面对城市中的劳动密集型产业，应当合理规划。劳动密集型产业能够解决许多人的就业问题，但对于其工作人员的住所及服务问题应当做到与其所在园区结合，形成集中性地区规划。技术密集型产业则应更多关注环境与文化等问题。

通过合理组合各要素，创造一个相互衔接并具有协同功能的城市空间系统。实现产业和城市的融合发展需要遵循规划先行的发展原则。在城市规划中，我们需要合理布局各类要素，包括城市内的新城区、老城区以及各种产业园区的布局，并打造一个功能互补、相互衔接的城市空间系统。同时，需要全面考虑生产、生活、生态三个方面的布局，以实现整体协调发展。首先，根据区内各城市的空间结构情况，需要明确不同城市的功能定位和建设要求。特别是要提高中心城市（如南宁、柳州、梧州等）对周边市县的产业辐射能力，从而形成有着明确的主导功能、衔接互补、高效绿色发展的空间布局系统。其次，广西应以新城区与旧城区融合发展为出发点，采用“功能互补、区域互动、协调推进”的发展思路，实施结构性改革。再次，广西可以建设多处市民休闲广场和绿化停车场。其中为了缓解老城区人口密集的问题，并完成新城区招揽人才的挑战，广西可以将行政、教育和医疗中心搬迁至新区。最后，广西应改善新老城区之间的公共交通设施，以促进彼此的共同发展。

广西应加速特色小镇建设，推进新型城镇化的发展进程。特色小镇发展是当前得到各类政策重点支持的领域之一，它和新型城镇化、供给侧改革、政府职能转变等政策方针有着密切的联系，是政策措施集中支持的“黄金结合点”。特色小镇应该充分利用当地的资源优势，强调地域特色，展现当地的文化传承和生态环境，发展地方特色产业，形成具有重要功能的、融合了产业、城市、人文、文化四个方面的有机平台。广西应要求小镇的建设形态“精而美”，每个小镇都应该有其独特的风格。例如，河池刘三姐镇（天丝小镇）风景秀丽，自然景观和人文景观相得益彰，加上浓郁的民族特色，可以打造一个以生态宜居为主的特色镇；位于南宁地区的校椅镇（茉莉小镇）是全国茉莉花产业示范区。随着茉莉花产业链不断拓展和延伸，茉莉花产业带动了周边近 20 万人的务工和就业转移，成为带动当地致富的现代农业特色镇。实现产城融合发展的重要保障在于城市功能和配套设施建设的完善。为了达成这个目标，我们需要完善城市公共服务、市政基础设施和城市商业服务的建设，创建一个多层次、多元素和网络化的设施体系。此外，我们必须将新区（城）、产业园区和城市基础设施有机地结合起来。广西要加快公共交通系统的完善，使重点企业、邻里中心和中心区之间的公共交通网络更加高效，同时还要建设公共住房，并完善学校、社区医院等生活设施，增强产业园区居民的归属感、认同感和幸福感。将产业园区转变为综合性社区，包括生产、居住、娱乐等多种功能的集成。

广西应以改革创新为核心，为产城融合发展注入源源不断的动力推动产城融合发展。产城融合需要借助改革创新的力量来推进，特别需要注重创新的主导作用。广西应该积极推进智慧城市和无线城市的建设，同时破除城乡二元体制，促进人口流动，并创建灵活创新的财税金融服务体系。以环保、生态、人文景观为目标，实现产业发展与环境保护的双赢局面。人是产城融合发展的关键因素和最终受益者。因此，在推进产城融合发展的过程中，加快改善民生是至关重要的任务。在广西推进产城融合发展的实际情况下，其要有计划地推进农民向市民转化的工作，改进土地征用和补偿制度，同时建立城乡一体化的社会保障体系，以满足农民在城镇中的居住、生活、就业以及基本保障等方面的需求，解决他们所面临的一系列社会问题，进而为广西产城融合发展带来的人口红利提供持续的推动力。

# 参 考 文 献

[1] 李俊杰，陈波．滨水空间产城融合发展理论与实践[M]. 北京：中国电力出版社，2022.

[2] 葛俊忠，李苗苗．辽宁产城融合示范发展理论与实践研究[M]. 沈阳：辽宁大学出版社，2016.

[3] 贾若祥，李忠，侯晓丽，等．产城融合：推进新型城镇化发展之路：济南产城融合示范区规划研究[M]. 北京：经济科学出版社，2016.

[4] 上海市经济和信息化委员会．2013 上海产业和信息化发展报告：产城融合与总部经济[M]. 上海：上海科学技术文献出版社，2013.

[5] 杨春光，孟东军，曹登科．生态文明与产城一体化的理论与实践[M]. 杭州：浙江大学出版社，2017.

[6] 潘锦云．区域战略："三化" 互动与产业融合[M]. 合肥：安徽大学出版社，2018.

[7] 谢呈阳，胡汉辉．产业转移与区域创新发展[M]. 南京：东南大学出版社，2020.

[8] 长三角产业和信息化发展研究联盟．打造长三角世界级产业集群[M]. 上海：上海人民出版社，2021.

[9] 余慧．产业集群创新演化机制研究：基于复杂自适应系统视角[M]. 成都：四川大学出版社，2019.

[10] 王燕苹，谷伟光．建设临港产业强省　打造港产城融合发展新格局[J]. 共产党员（河北），2023（9）：34-36.

[11] 刘晓宇，杨公川，李攀攀．产城融合视角下的产业园设计：以山东东营高新区创业产业园为例[J]. 艺术教育，2023（5）：247–250.
[12] 杨亦文，欧向军，秦乃馨，等．江苏省沿海经济带产城融合发展研究及优化策略[J]. 生产力研究，2023（1）：44–50.
[13] 杨耀辉．产城融合视角下我国产业新城高质量发展研究[J]. 营销界，2022（23）：14–16.
[14] 肖斌华．产城融合战略实施现状分析与发展建议：以A集团为例[J]. 房地产世界，2022（22）：9–12.
[15] 陈宇婷．产城融合背景下时尚创意特色小镇发展经验研究：以临平艺尚小镇为例[J]. 建筑与文化，2022（11）：91–93.
[16] 赵虎，张悦，尚铭宇，等．体现产城融合导向的高新区空间规划对策体系研究：以枣庄高新区东区为例[J]. 城市发展研究，2022，29（6）：15–21.
[17] 周益平，武文．“产城融合·产教融合·产才融合”良性互动的机制分析[J]. 青岛职业技术学院学报，2022，35（3）：11–14.
[18] 戚晓曜．深圳产城融合发展问题的探析[J]. 特区经济，2022（4）：9–12.
[19] 周凯龙，邵锋，王文斌，等．产城融合高质量发展的规划策略与路径研究：以阜南粮食产业园为例[J]. 城市建筑空间，2023，30（4）：80–82.
[20] 戴袆楠．地理区位、比较优势与产城融合[D]. 昆明：云南大学，2022.
[21] 曹静静．产城融合视阈下沈阳中心城区空间格局与优化策略研究[D]. 沈阳：沈阳建筑大学，2022.
[22] 安静．国家级新区的产城融合发展水平研究：以四个新区为例[D]. 长春：东北师范大学，2022.
[23] 王哲．产城融合背景下的科技小镇发展机制与策略研究[D]. 广州：广东工业大学，2022.
[24] 刘渤宁．政府治理视域下的济南市产城融合问题研究[D]. 西安：陕西师范大学，2022.
[25] 郭小楠．东北地区产城融合的测度及其经济发展效应研究[D]. 大连：东北财经大学，2020.

[26] 张雨朦．智慧城市产城融合模式创新研究[D]. 贵阳：贵州财经大学，2020.
[27] 袁梦．产城融合背景下产业园空间结构研究[D]. 济南：山东建筑大学，2019.
[28] 程程．新型城镇化背景下开发区产城融合研究[D]. 杭州：浙江工商大学，2018.
[29] 黄东升．南安市沿海三镇“产城融合”研究[D]. 福州：福建农林大学，2017.